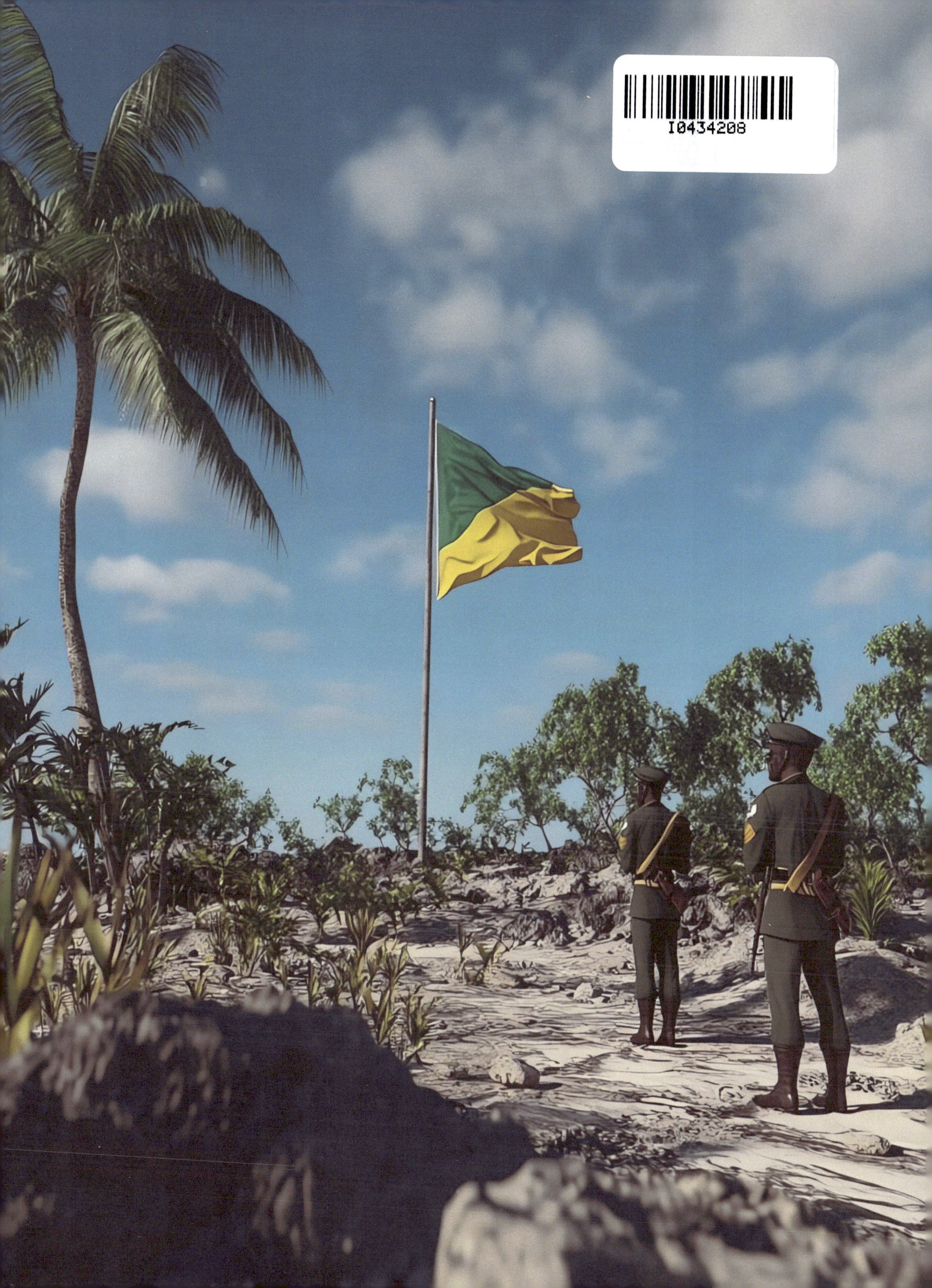

I0434208

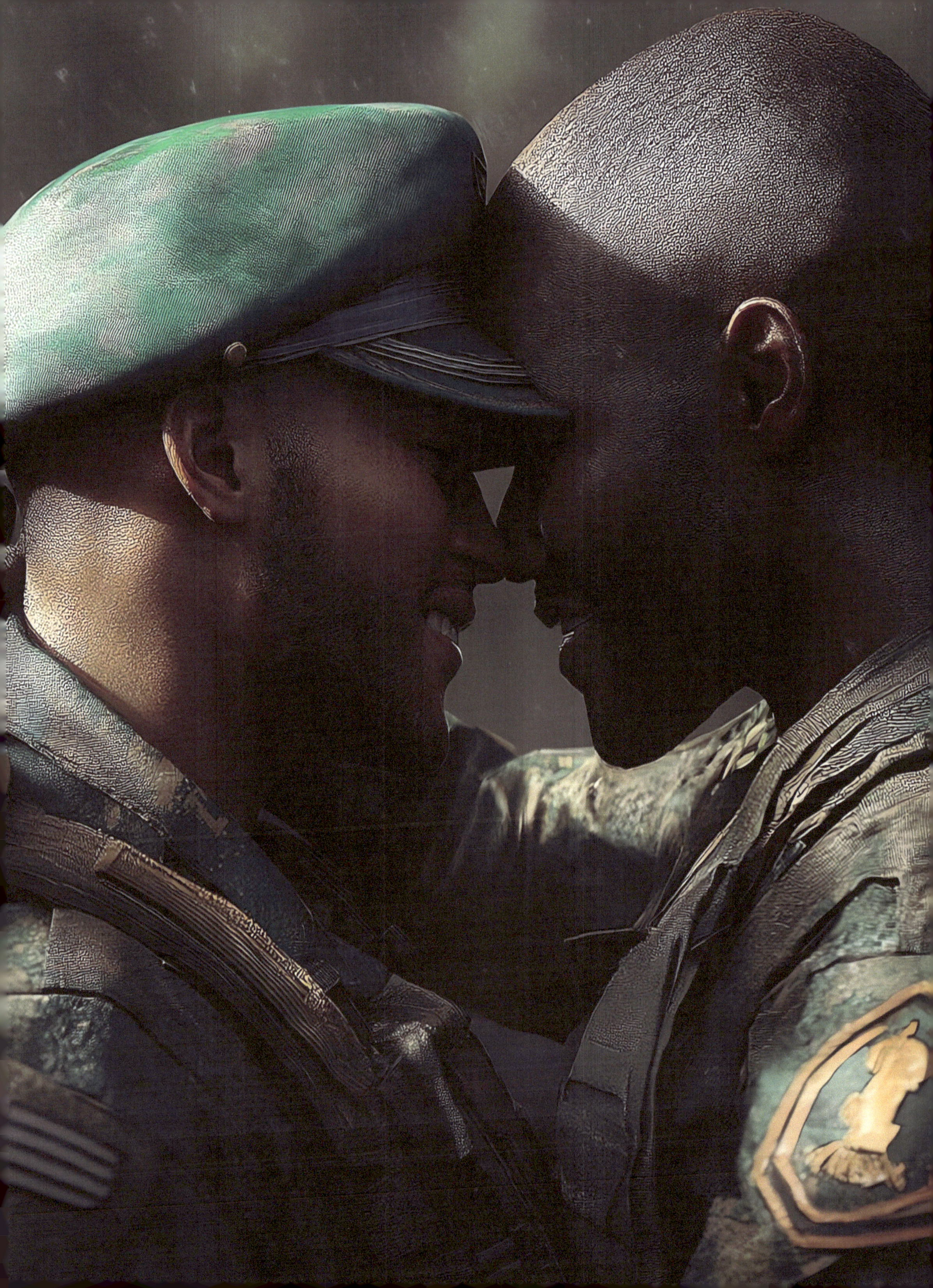

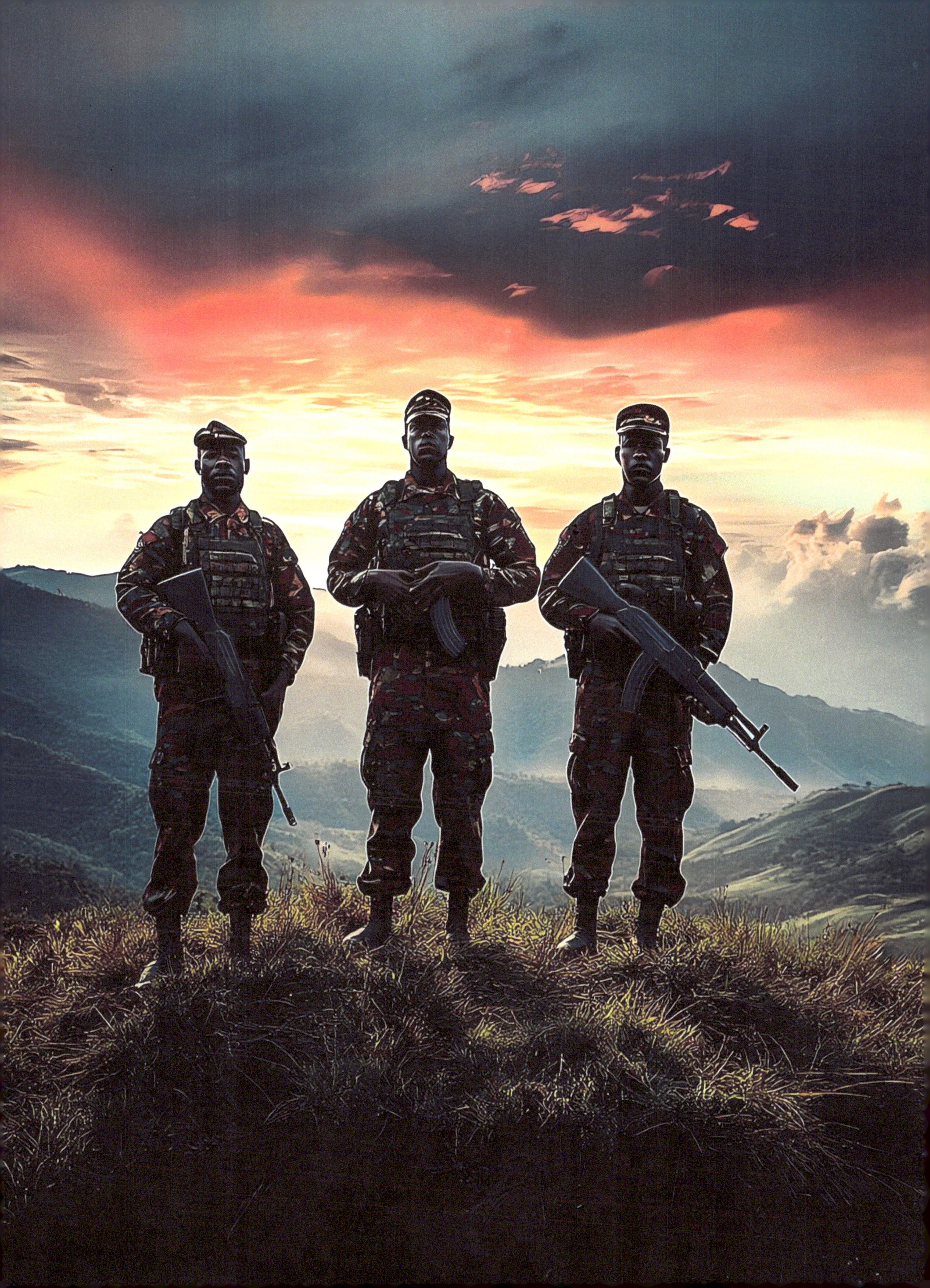

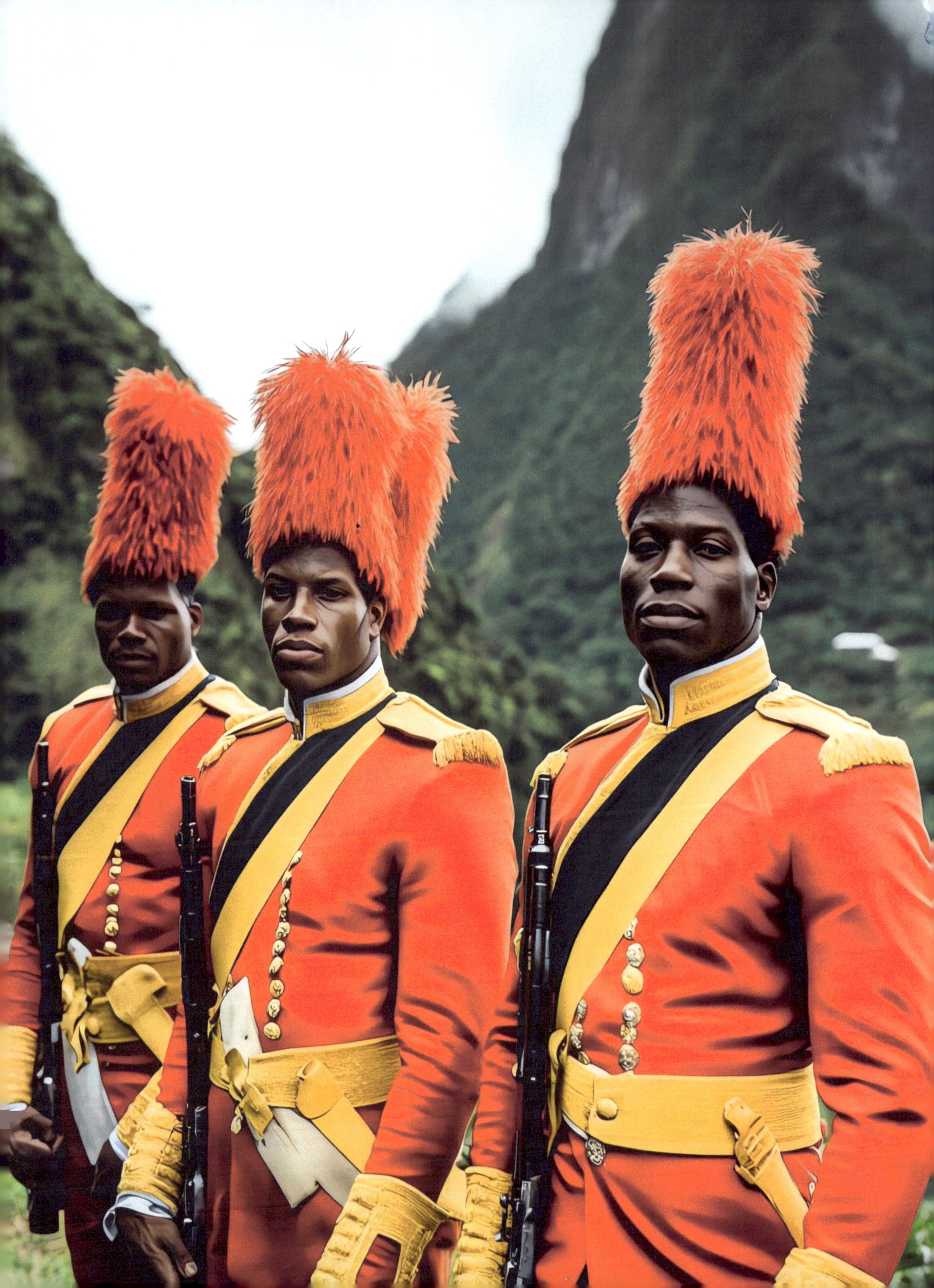

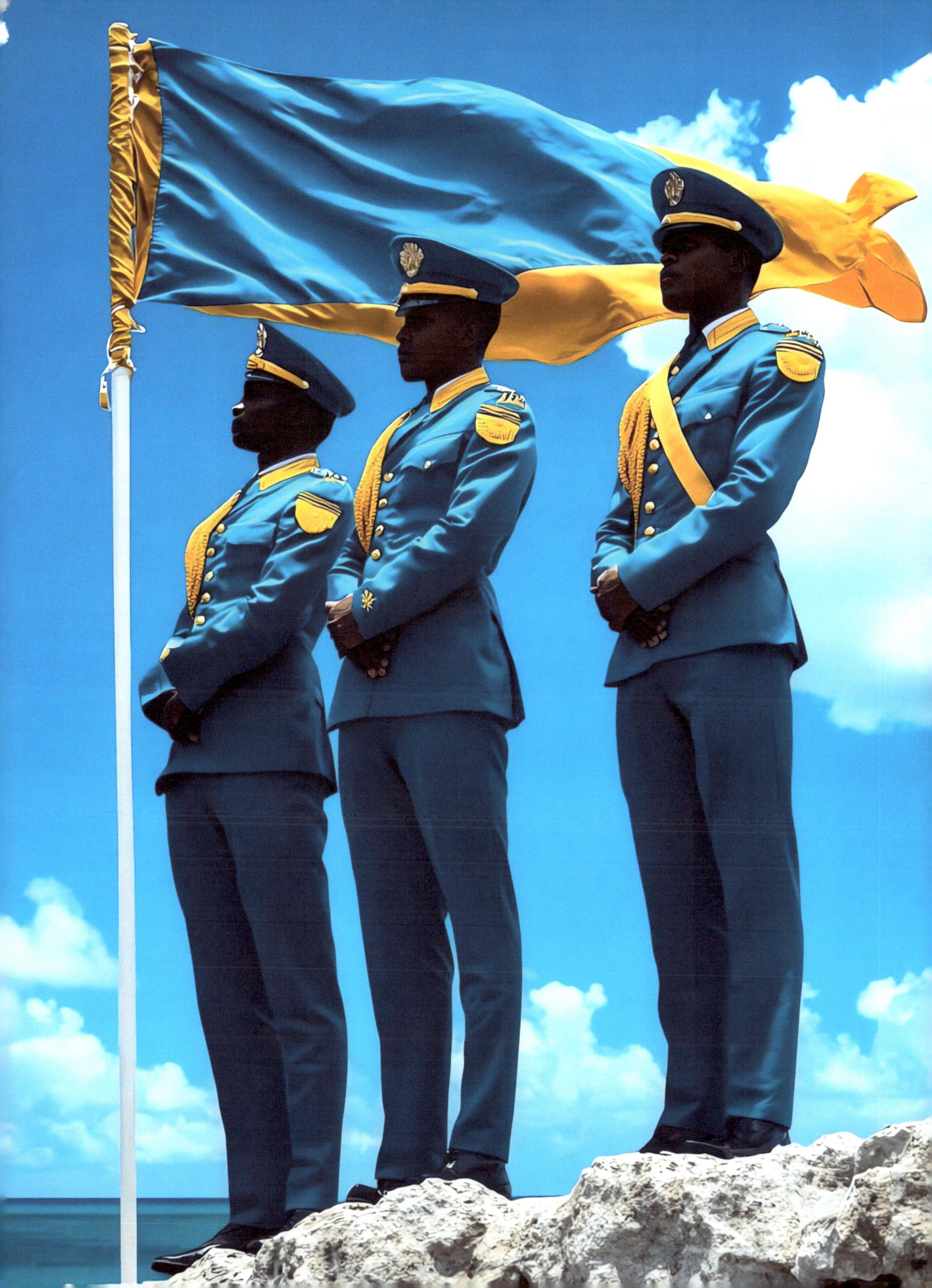

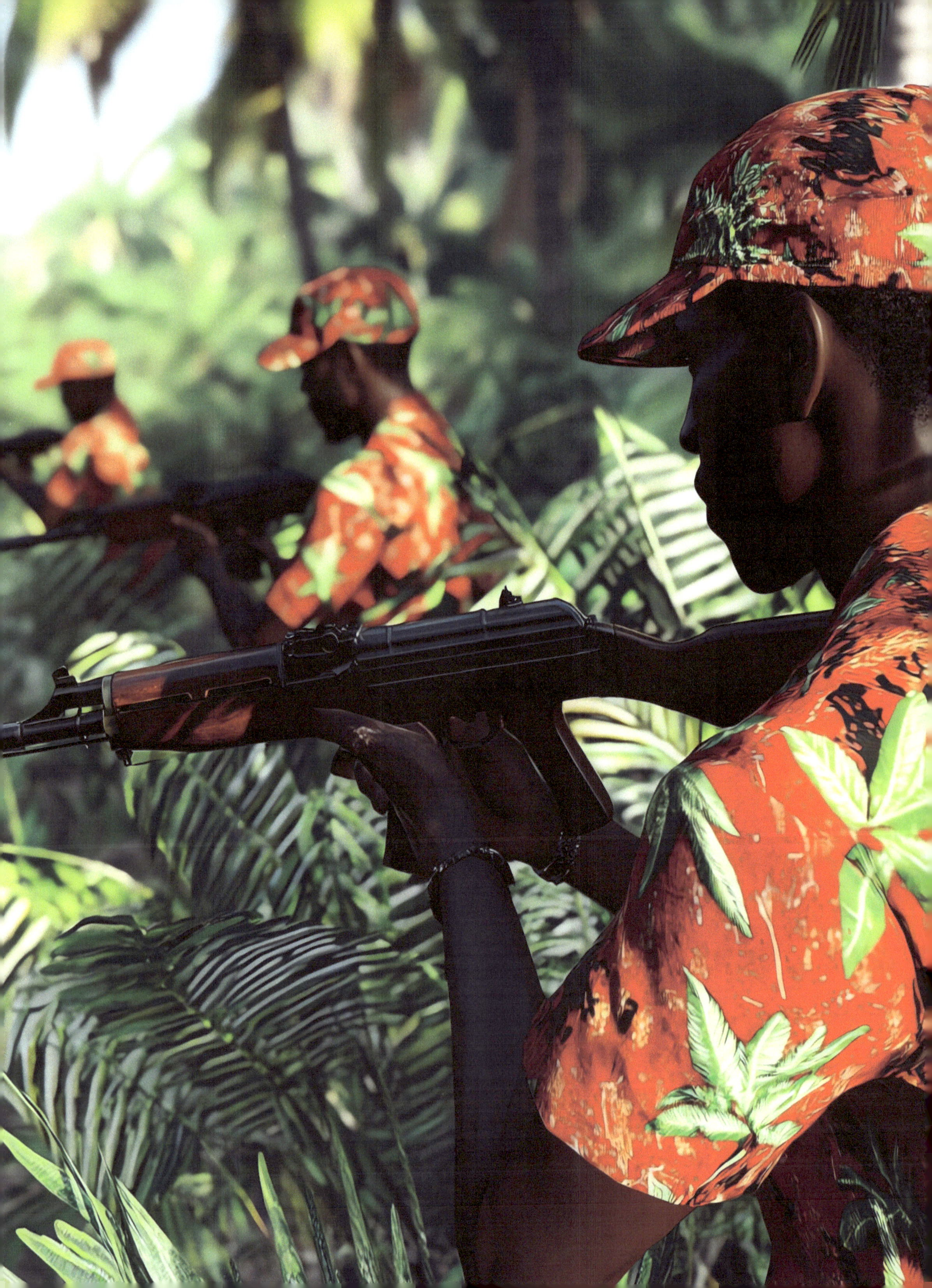

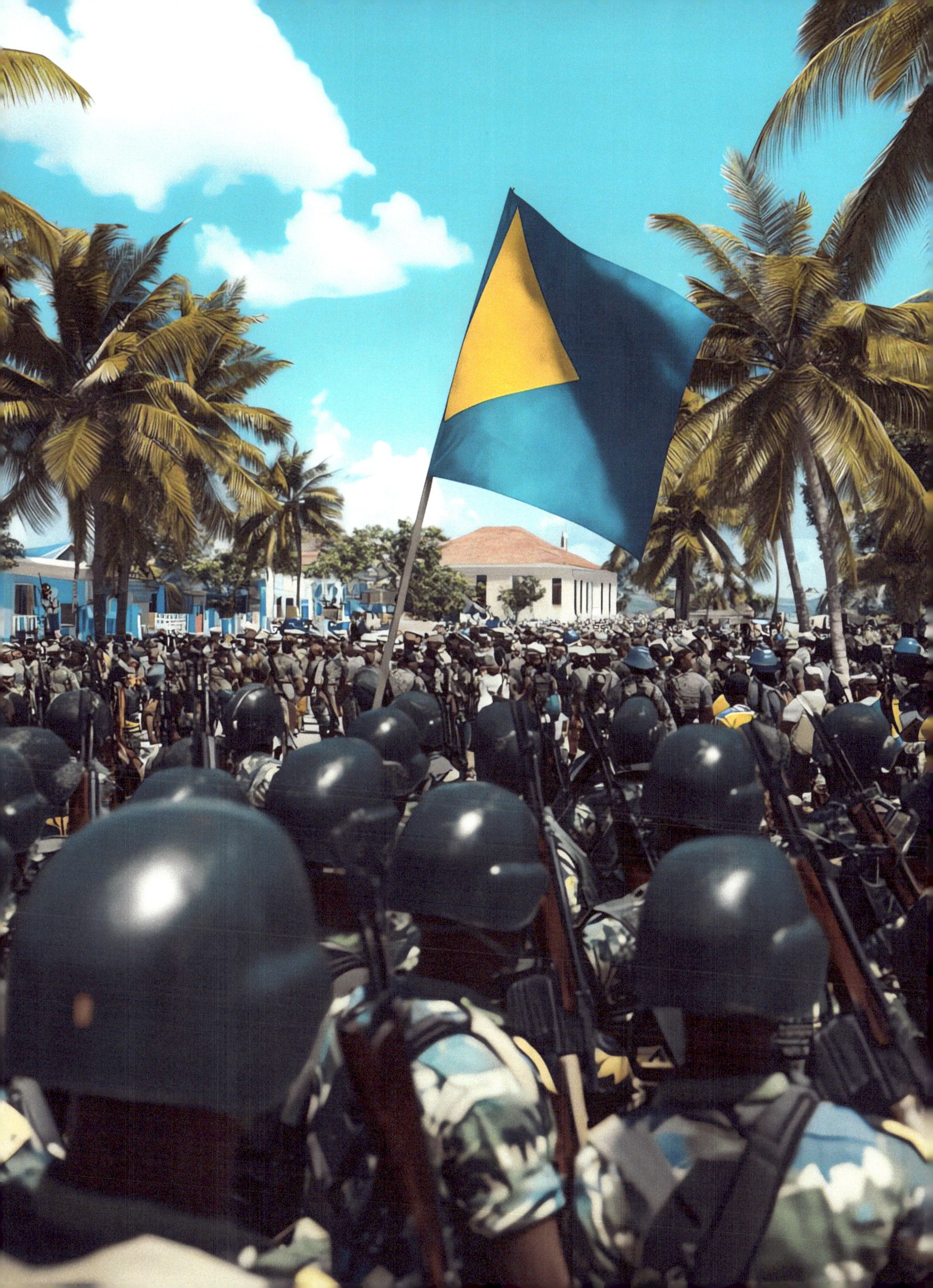

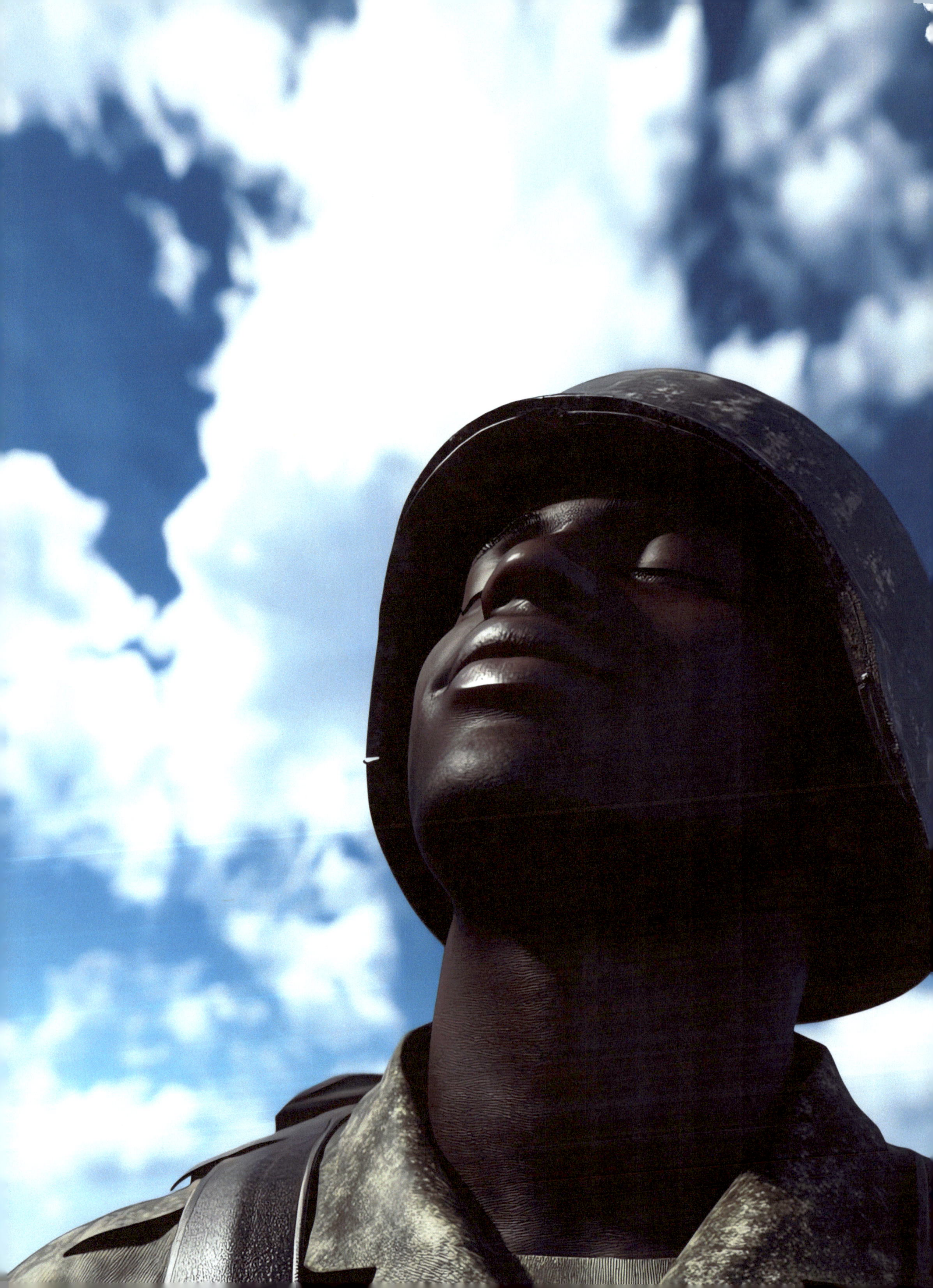

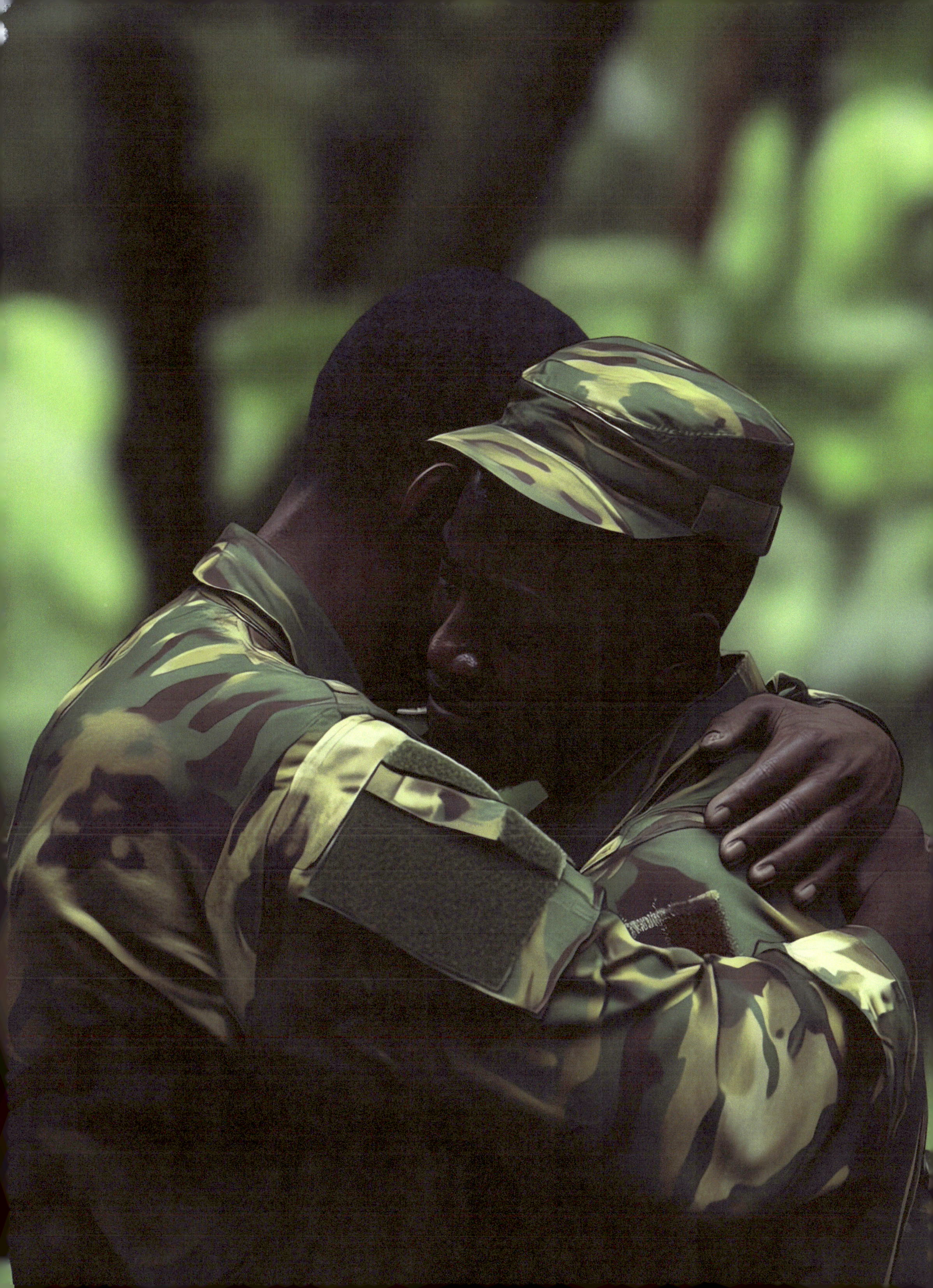

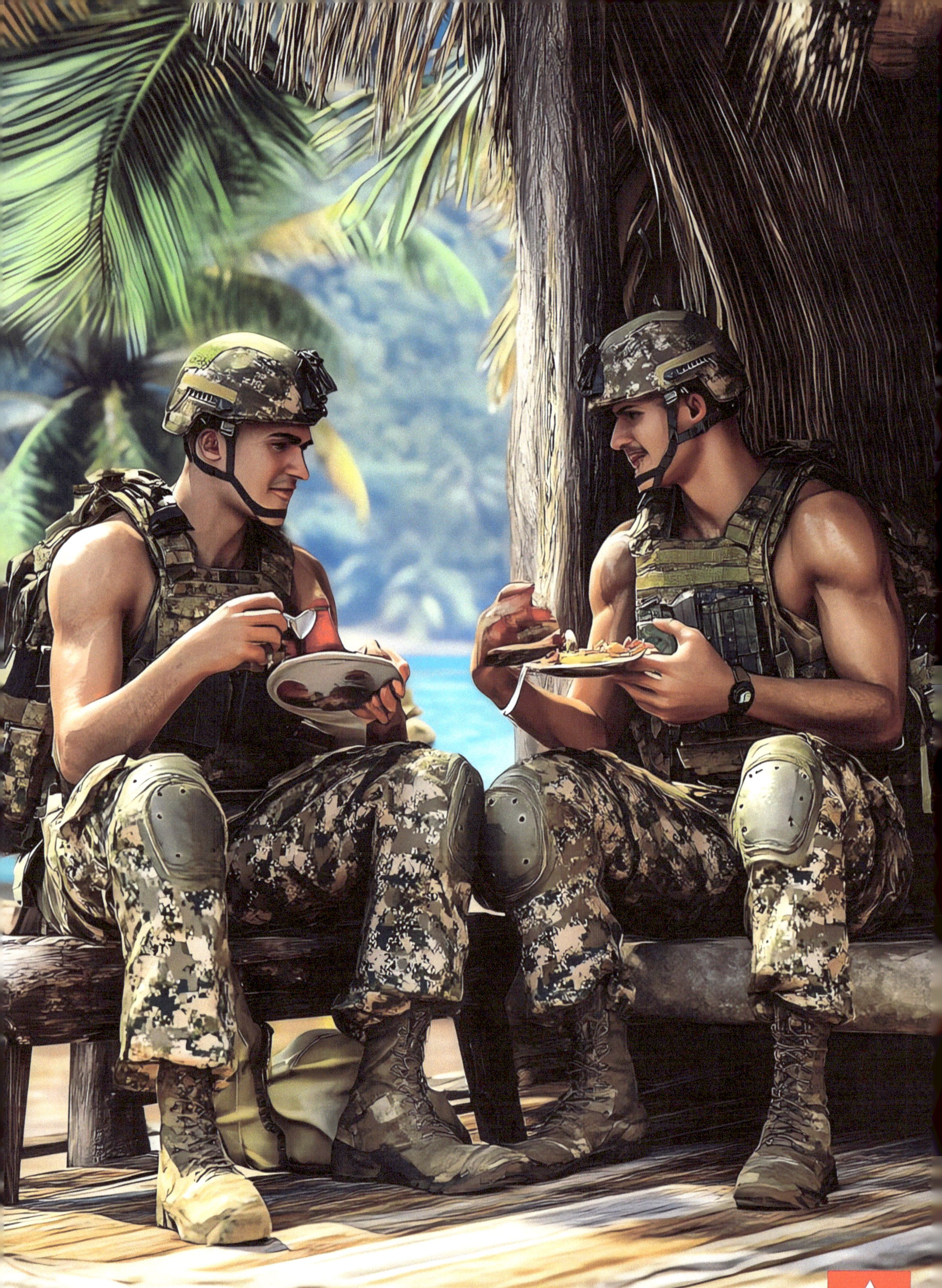

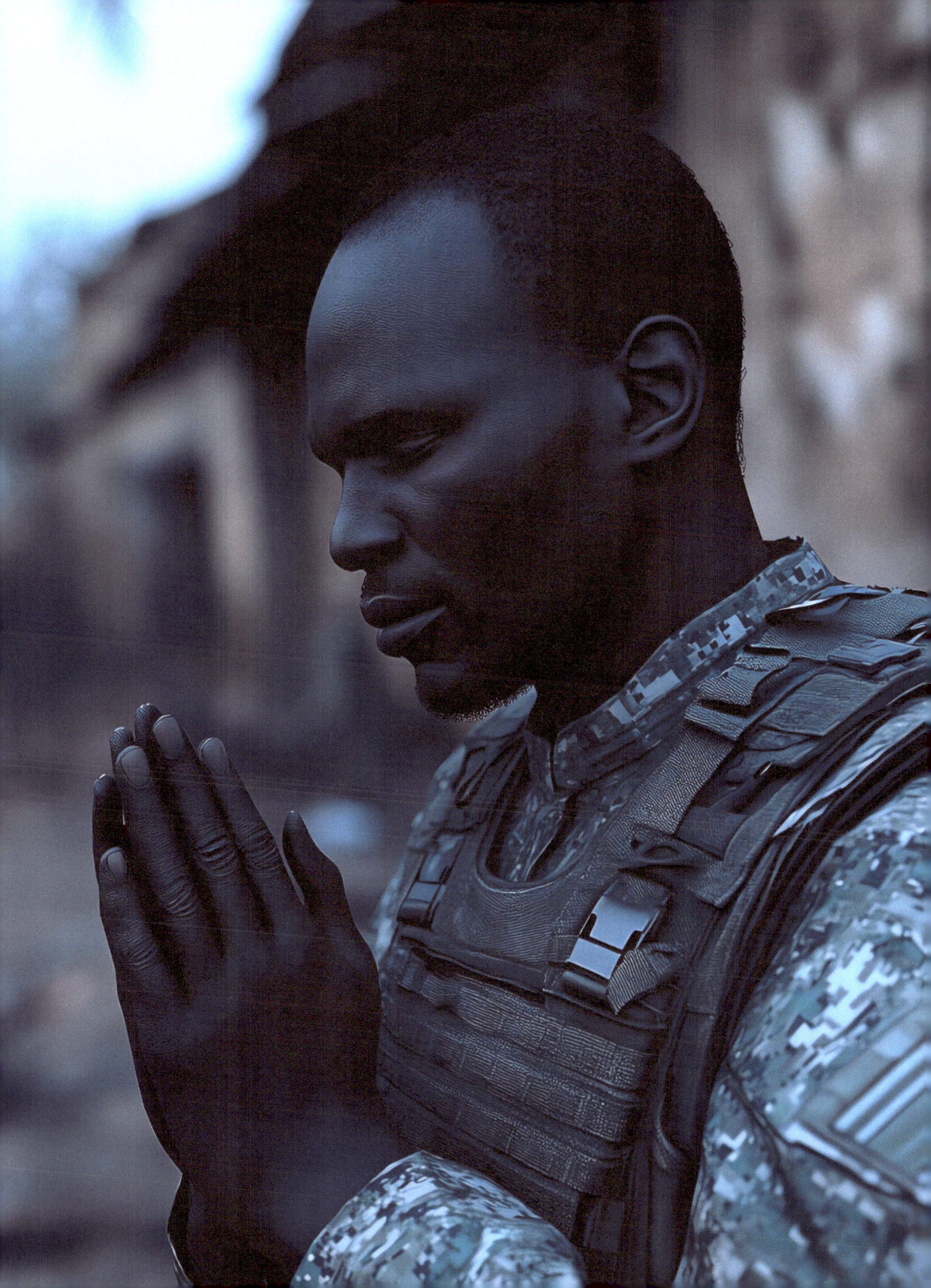

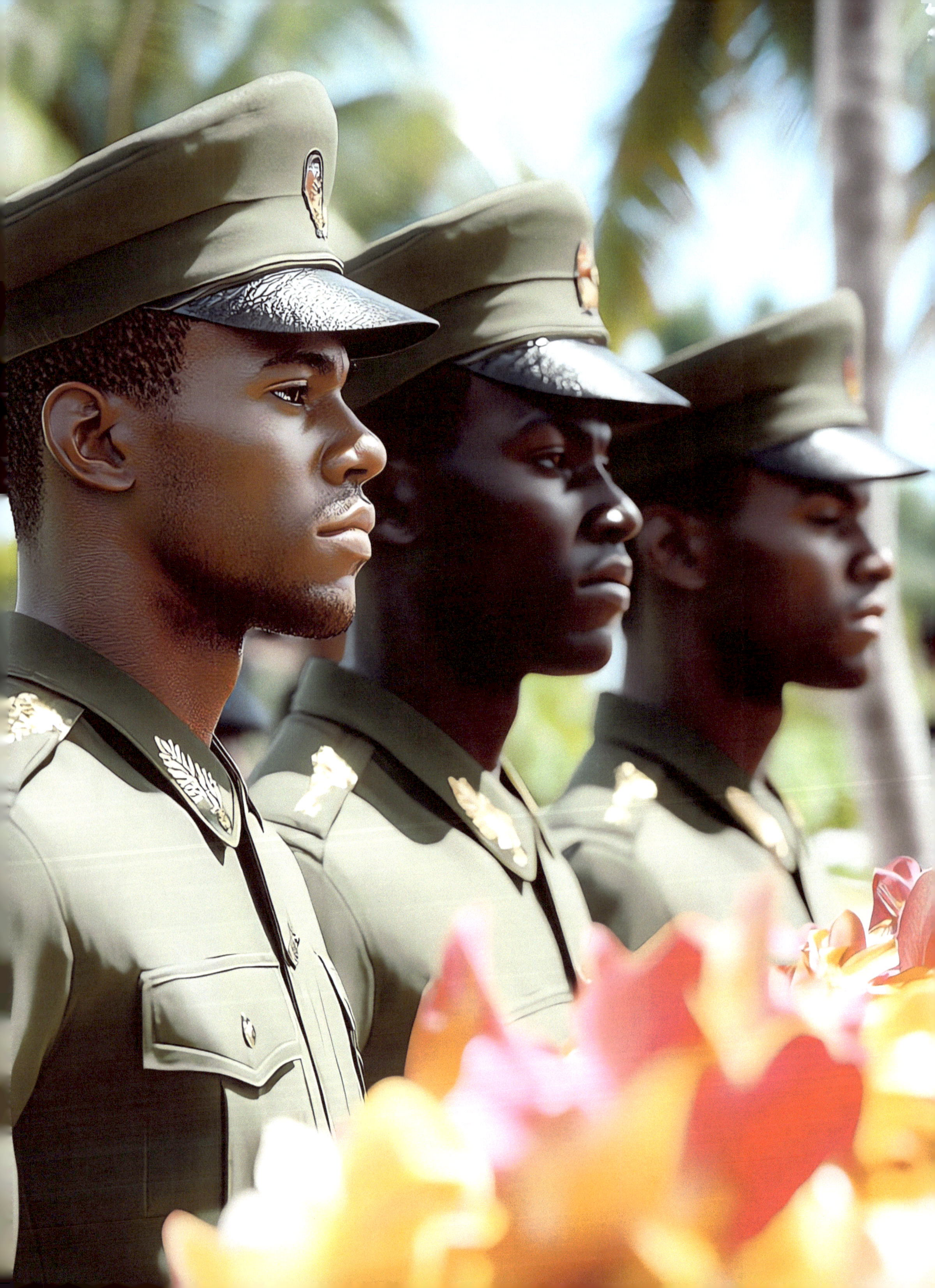

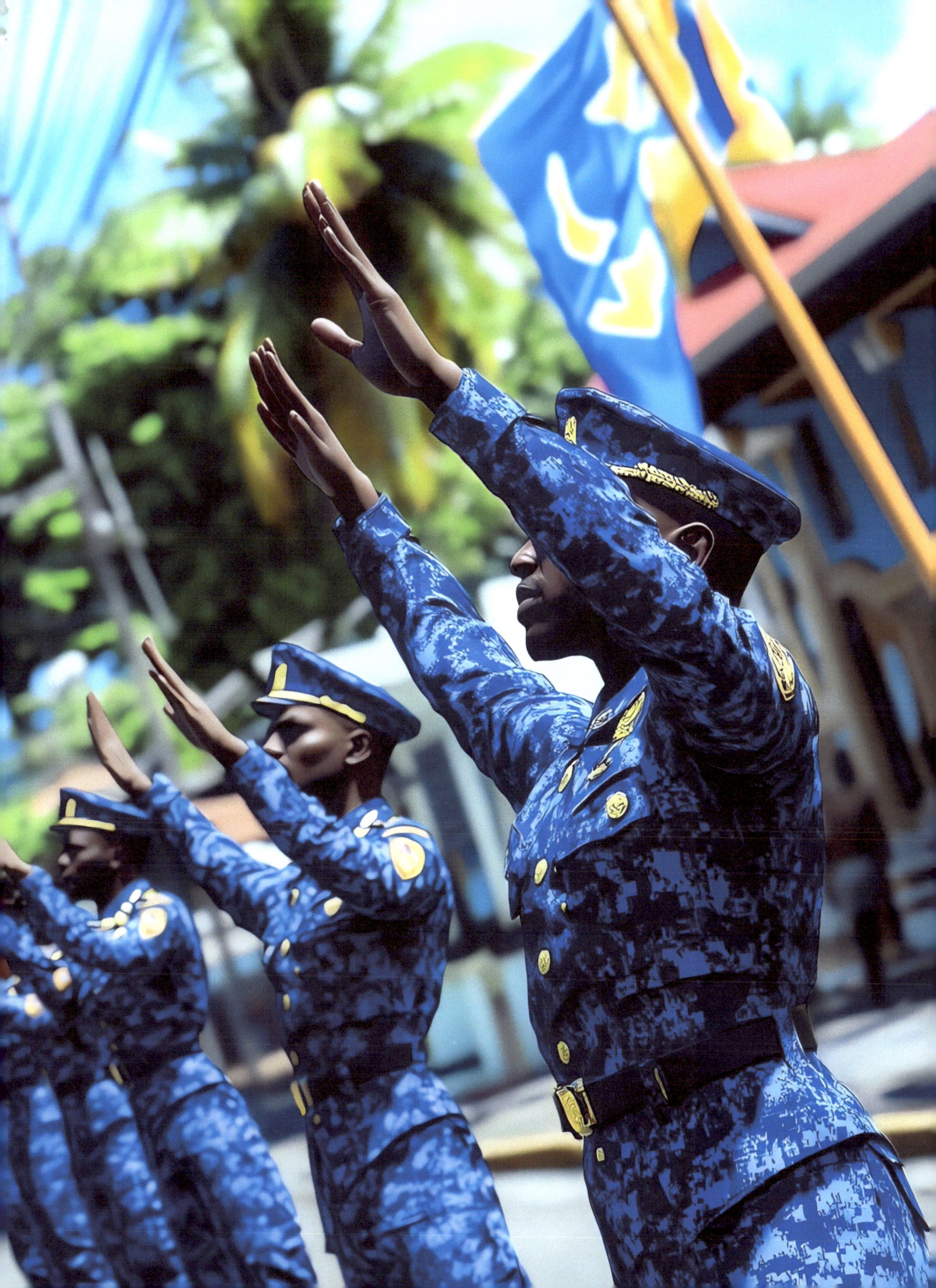

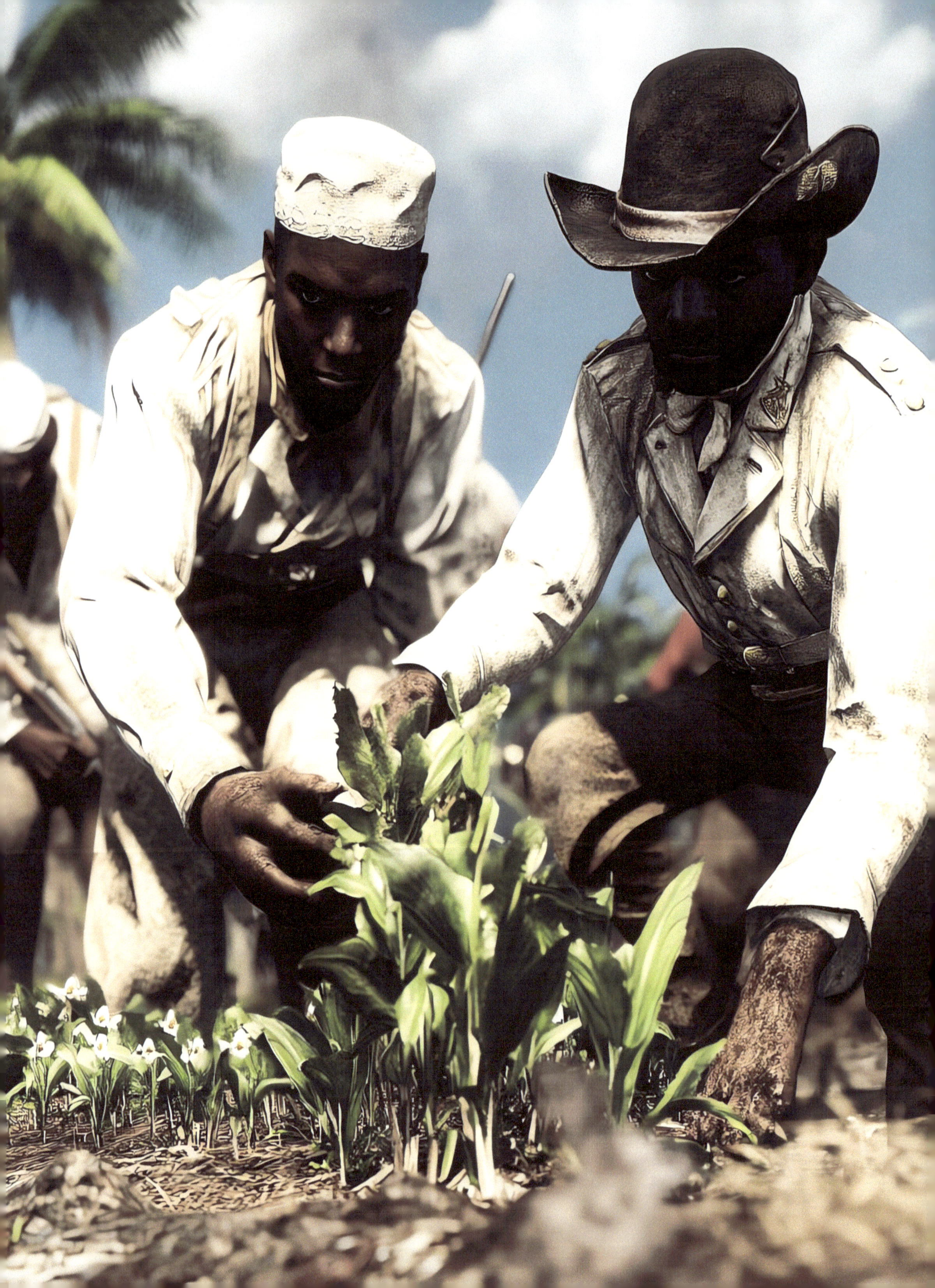

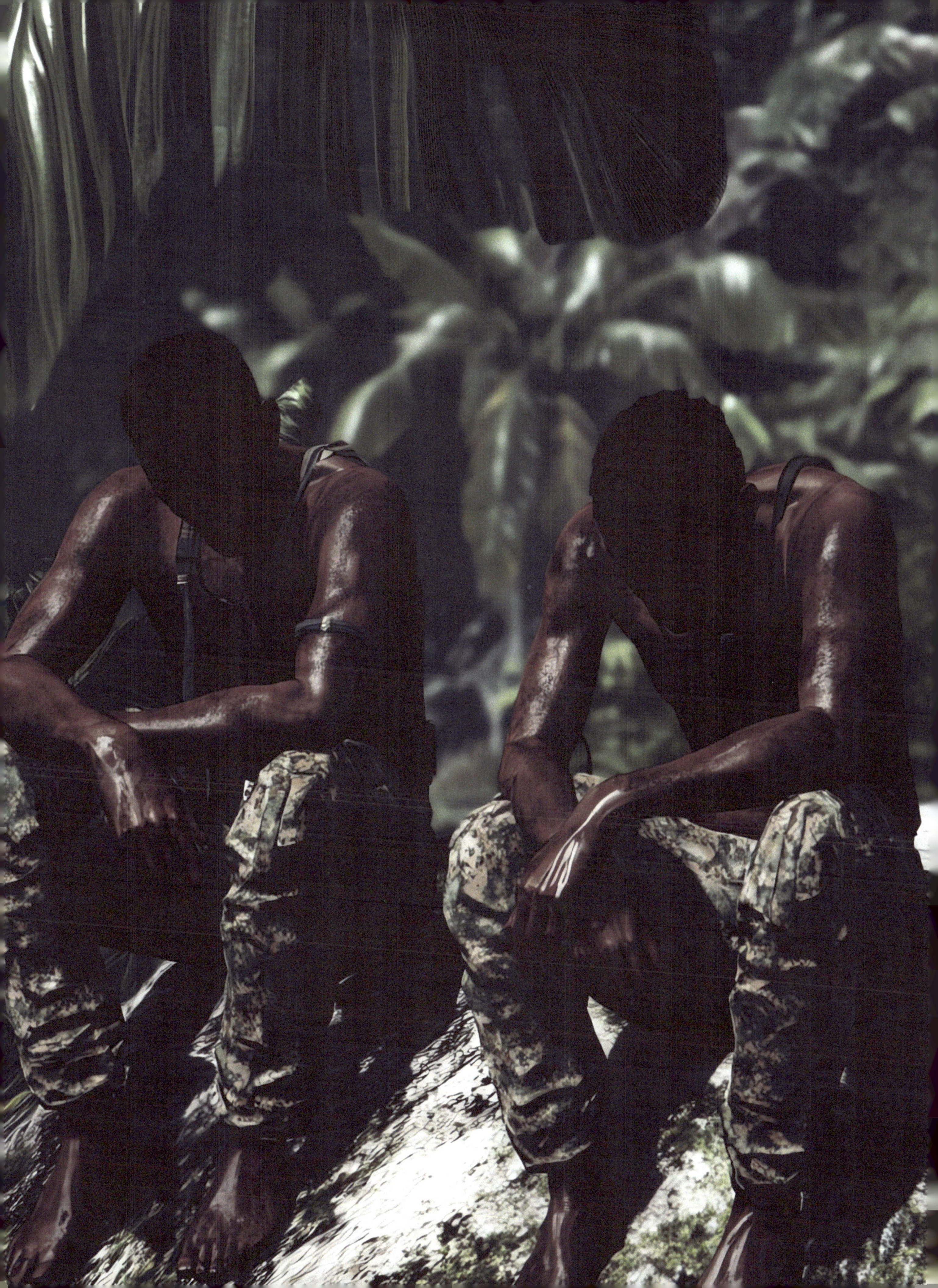

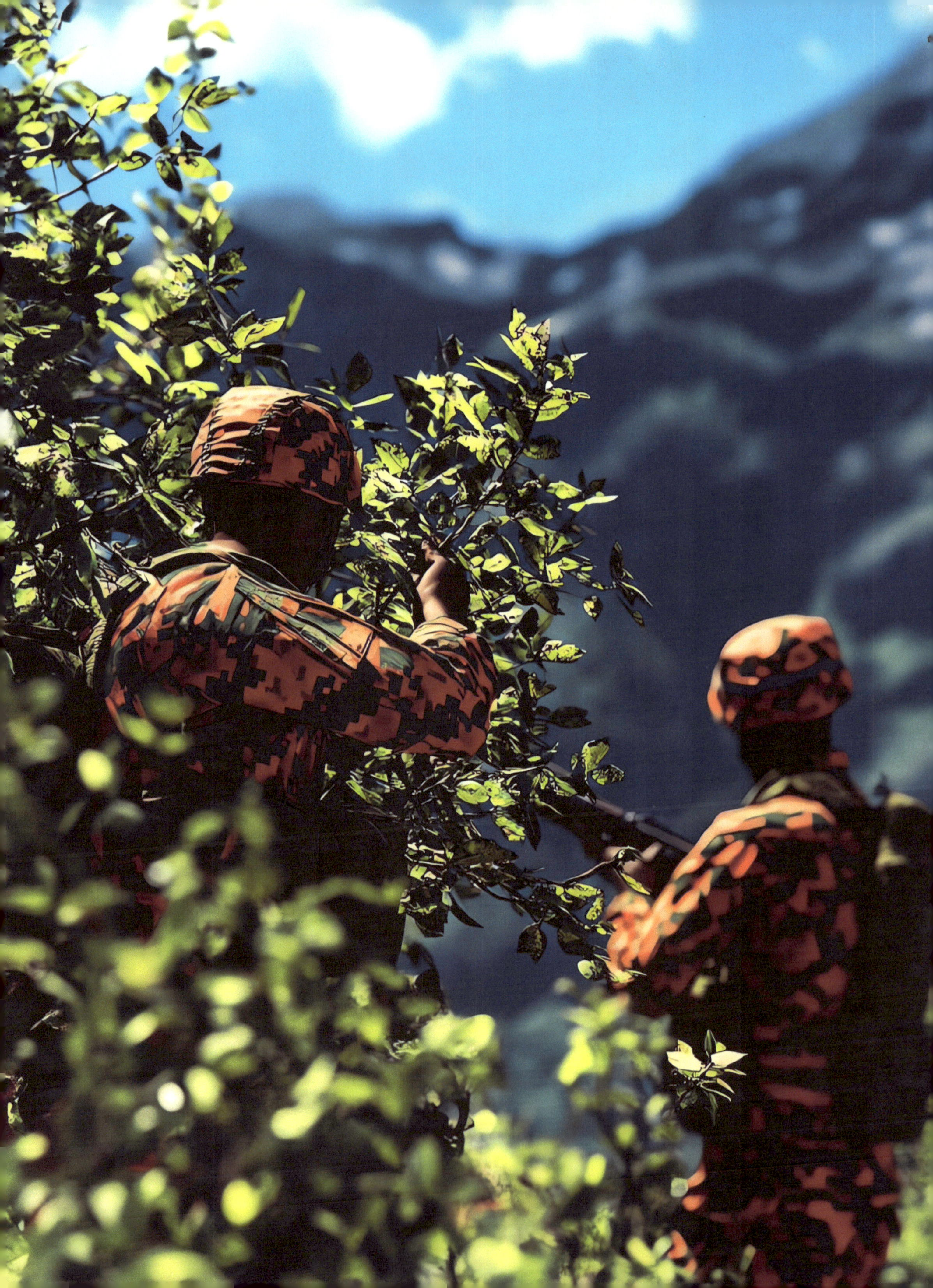

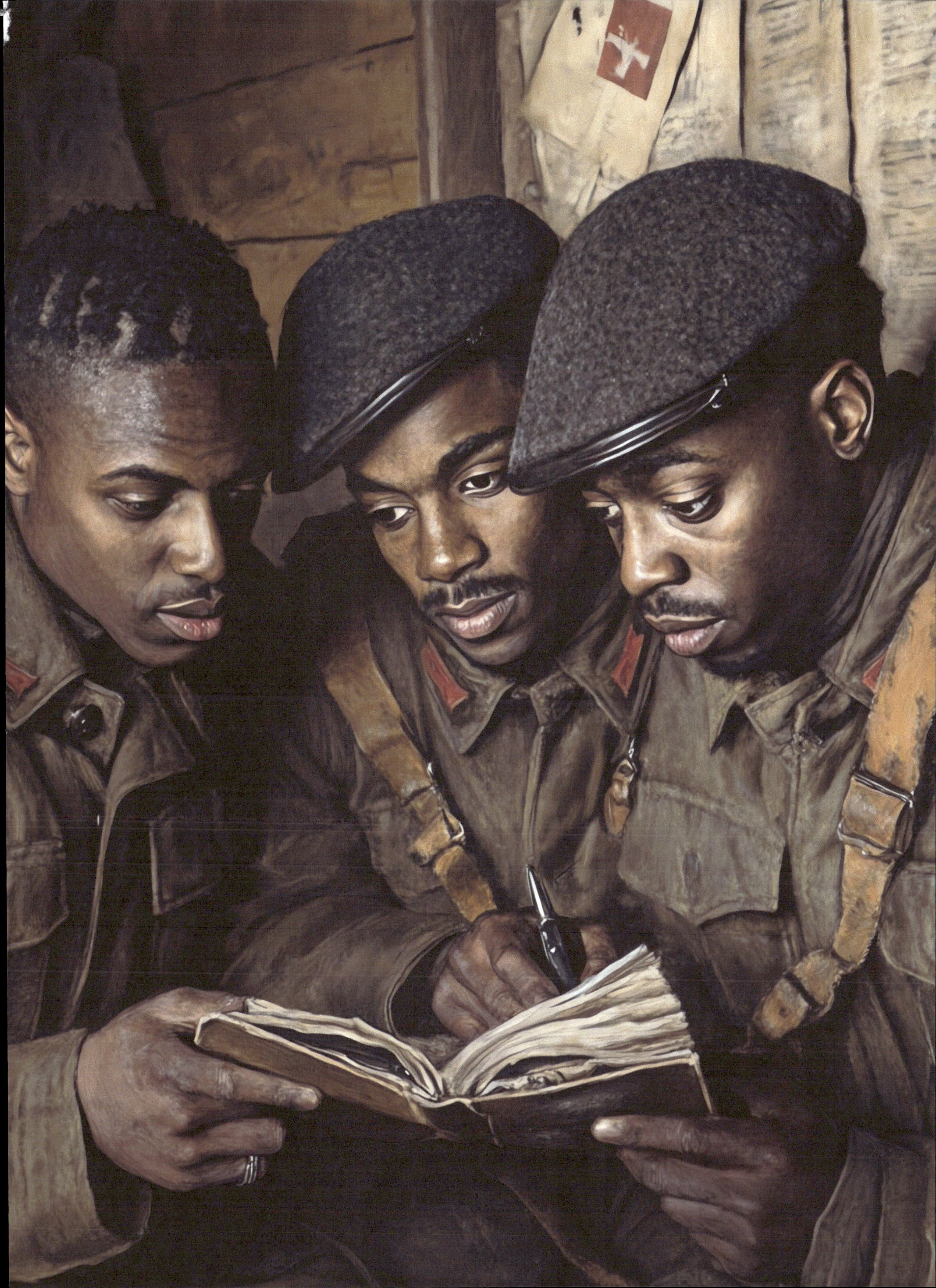

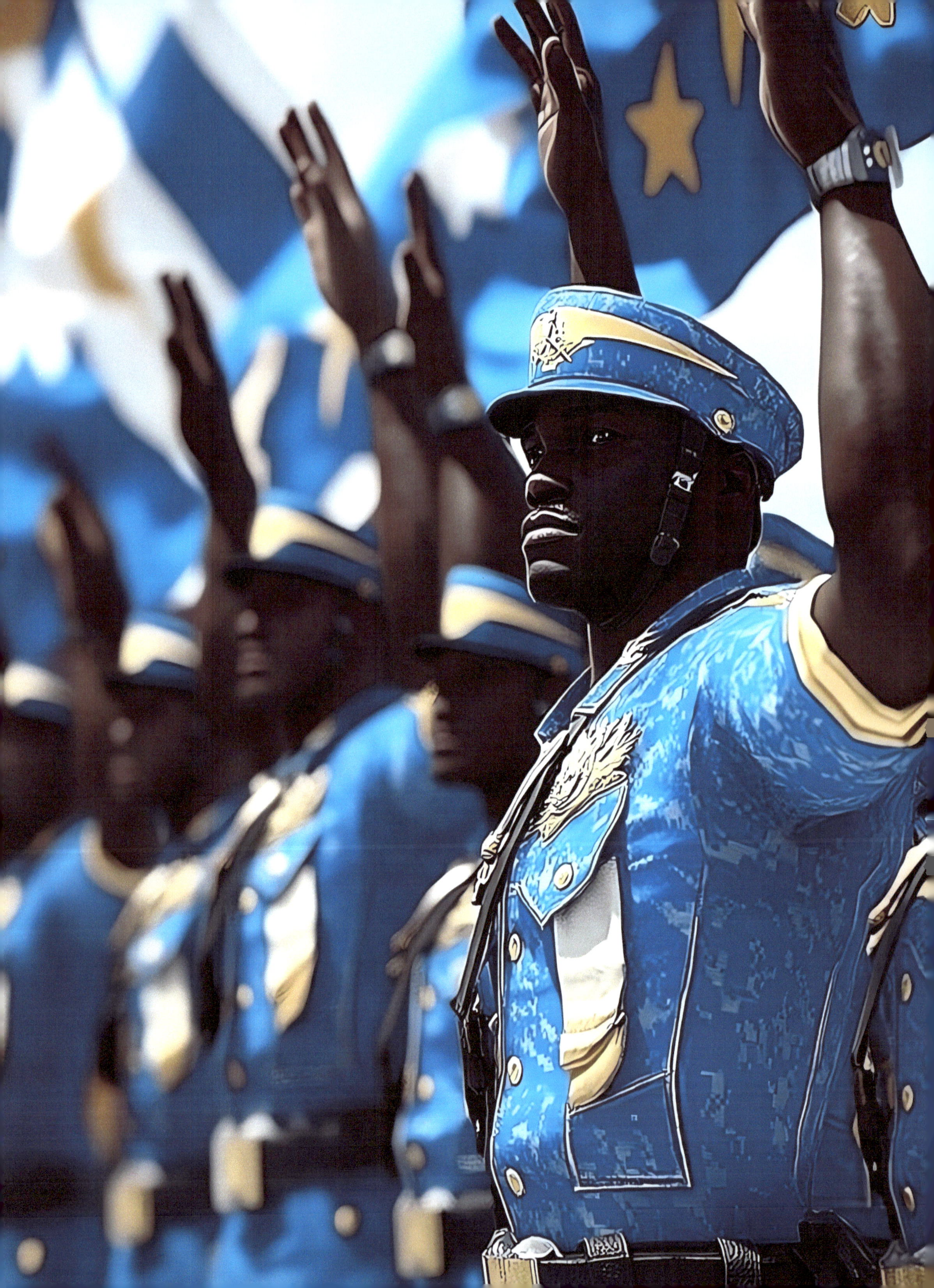

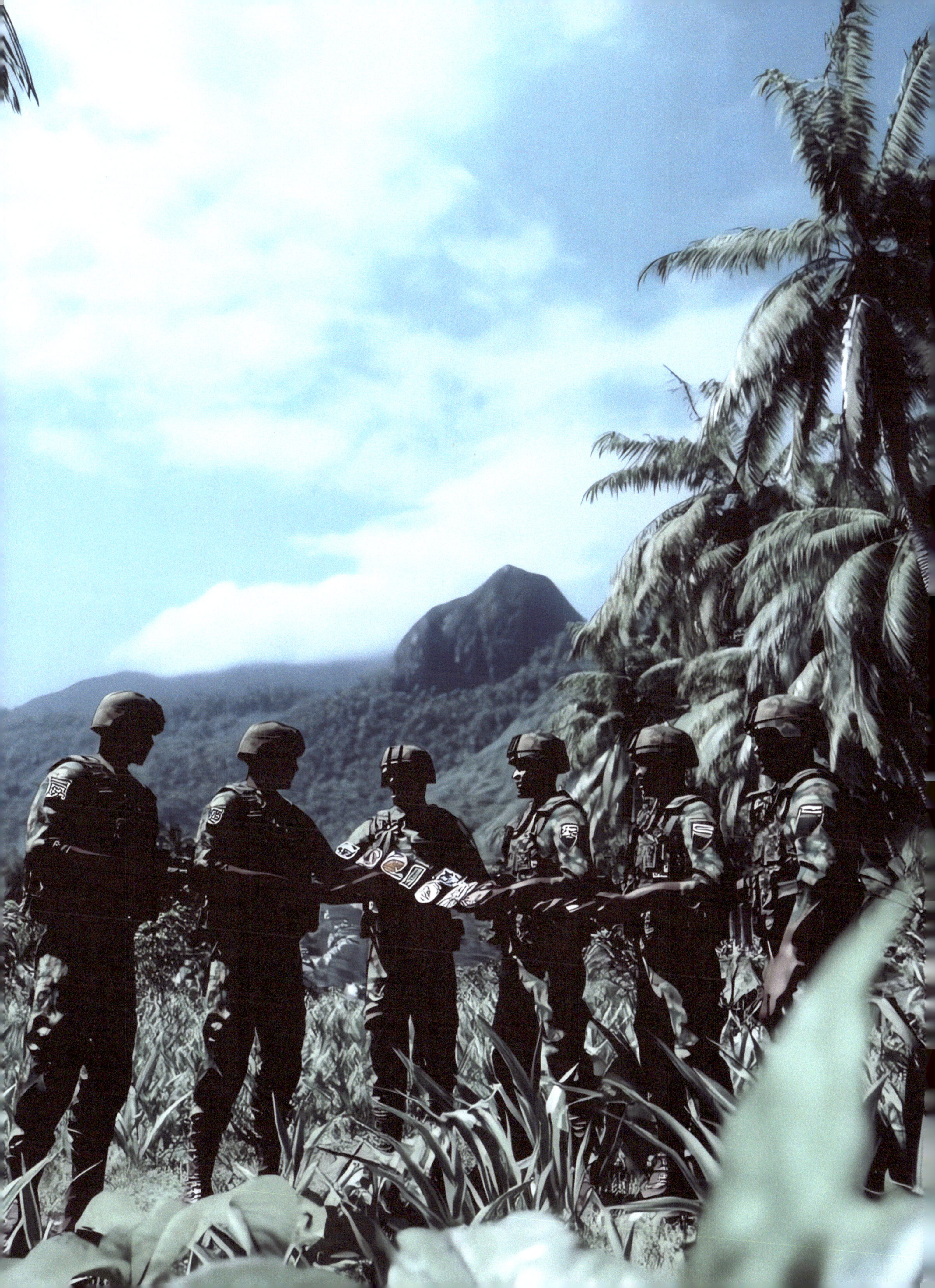

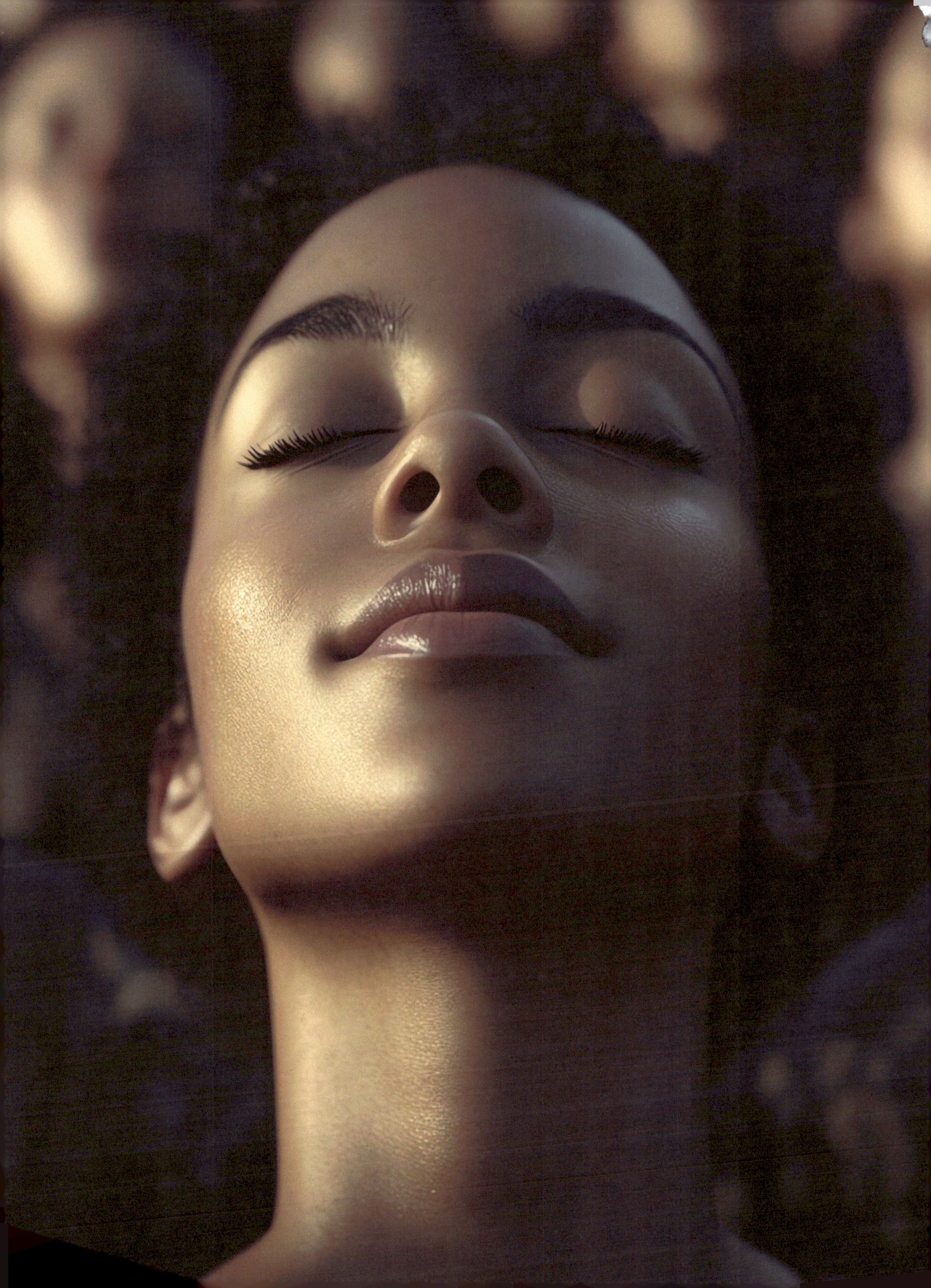

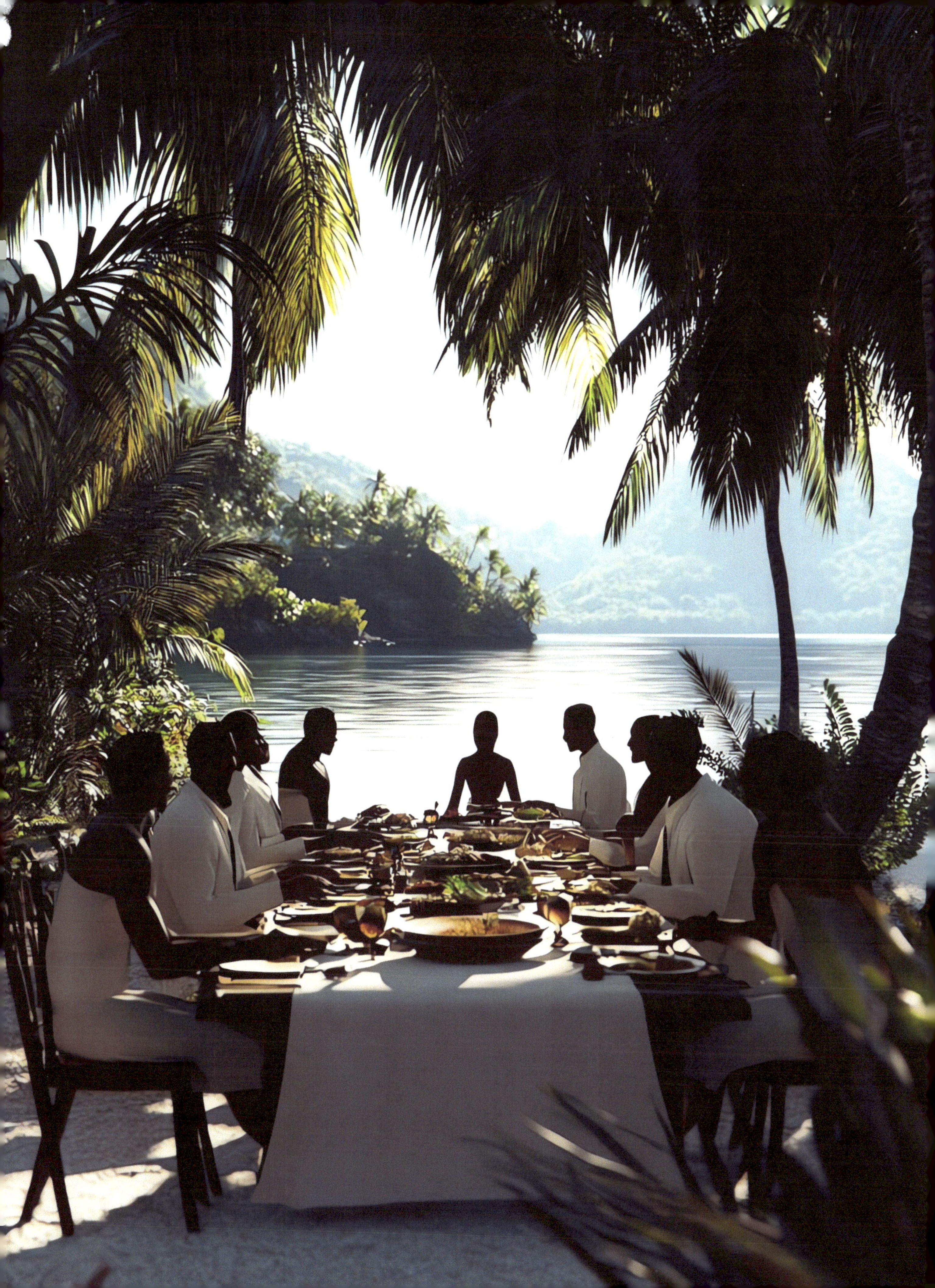

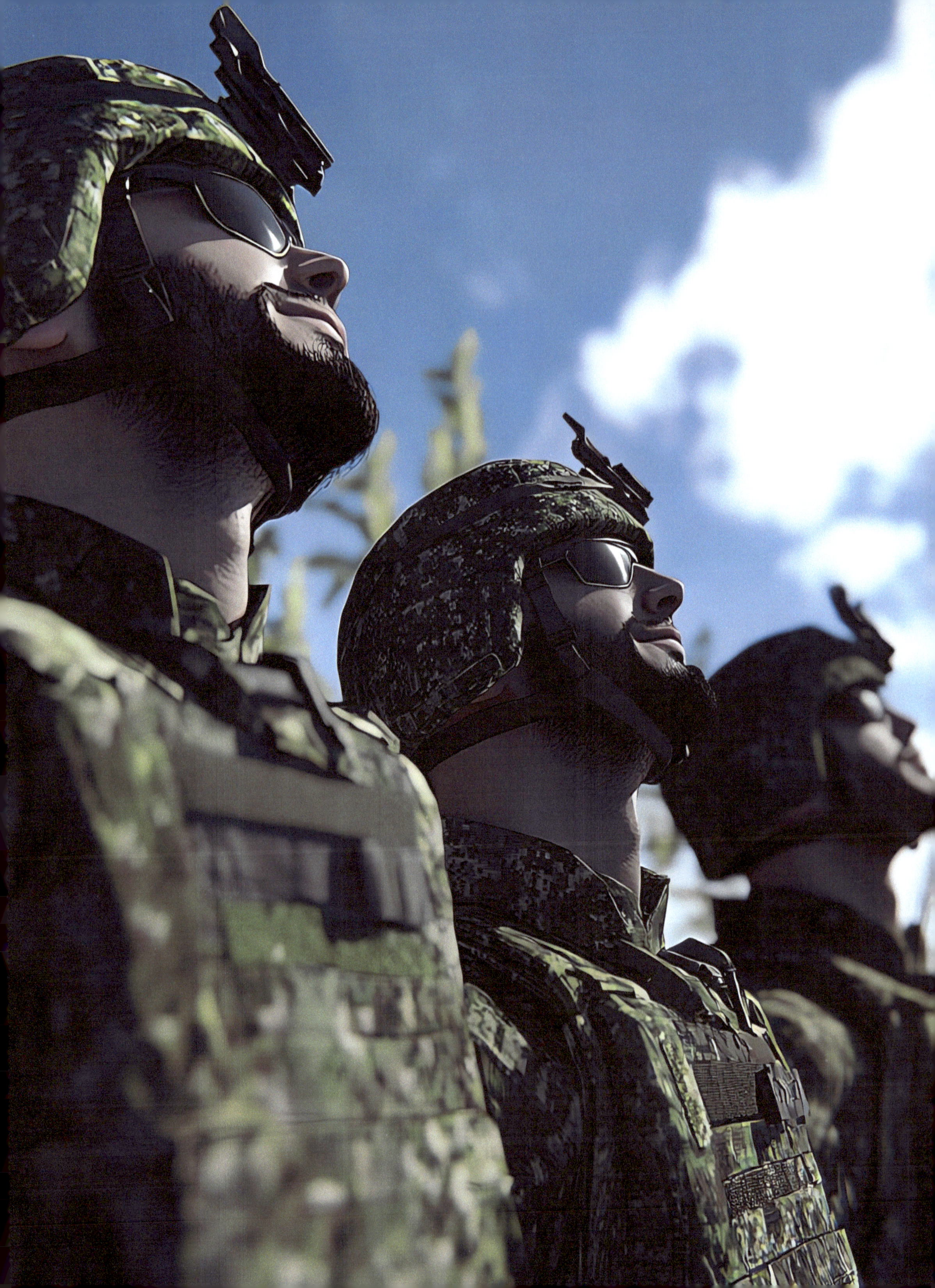

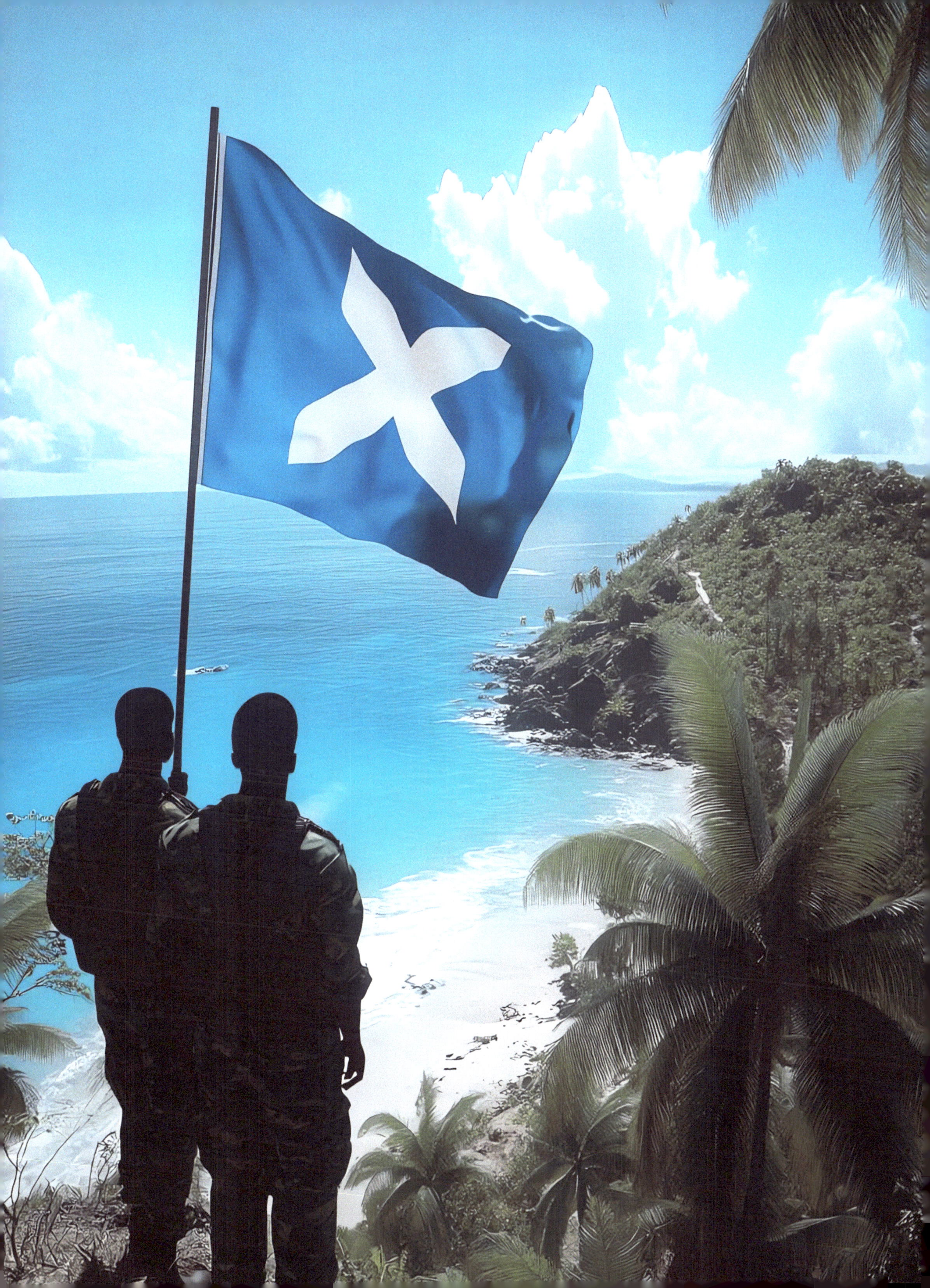

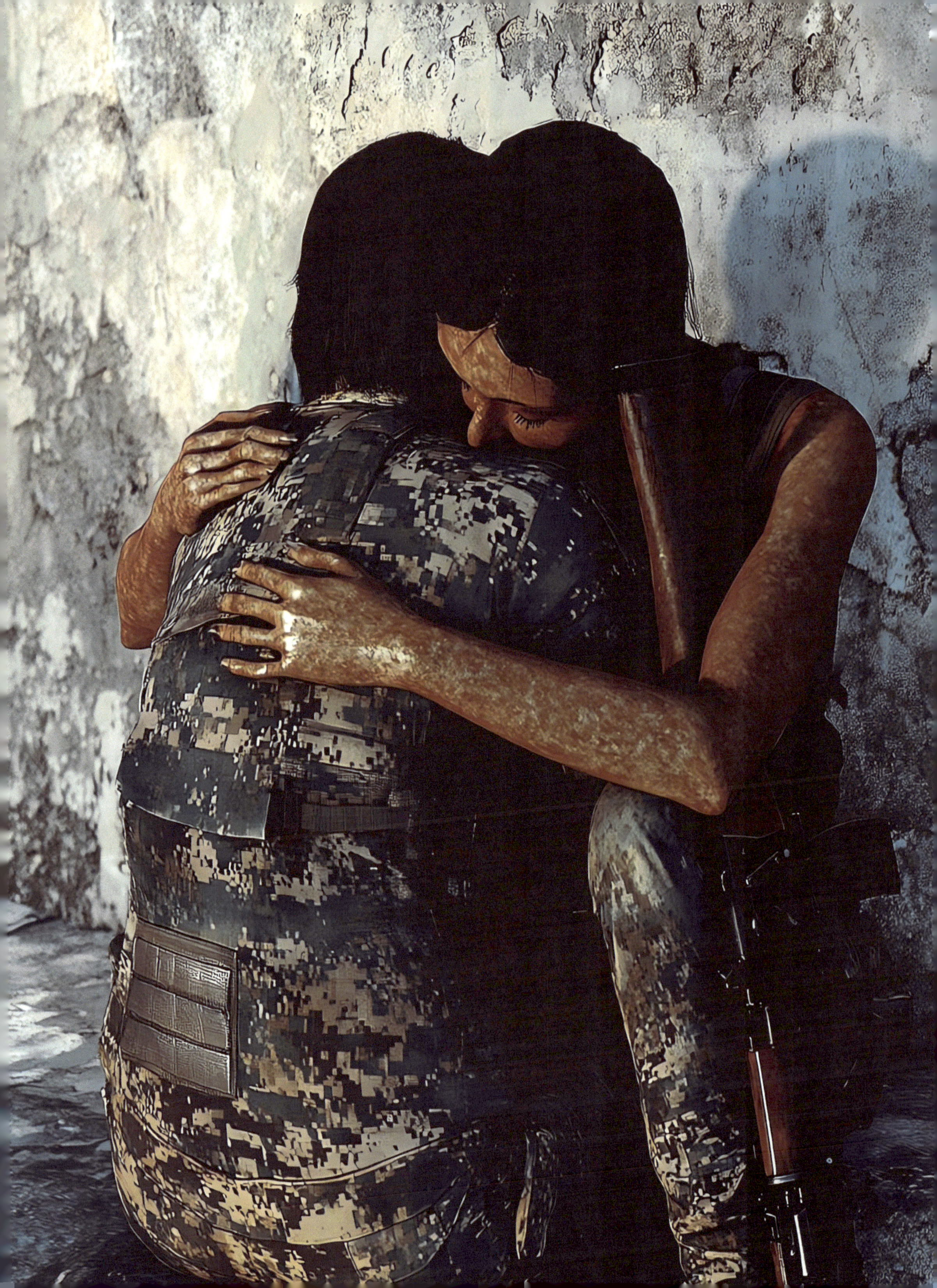

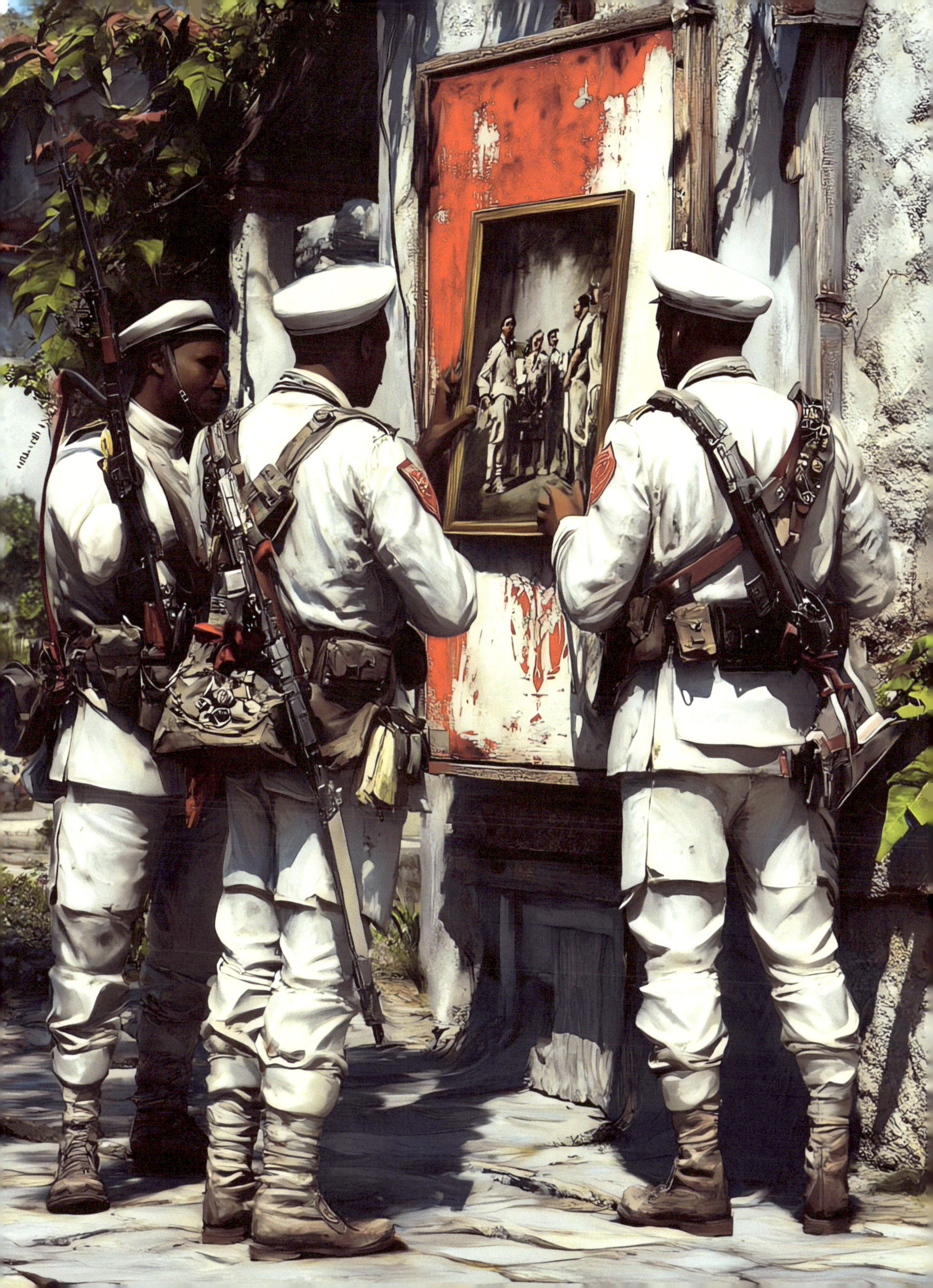

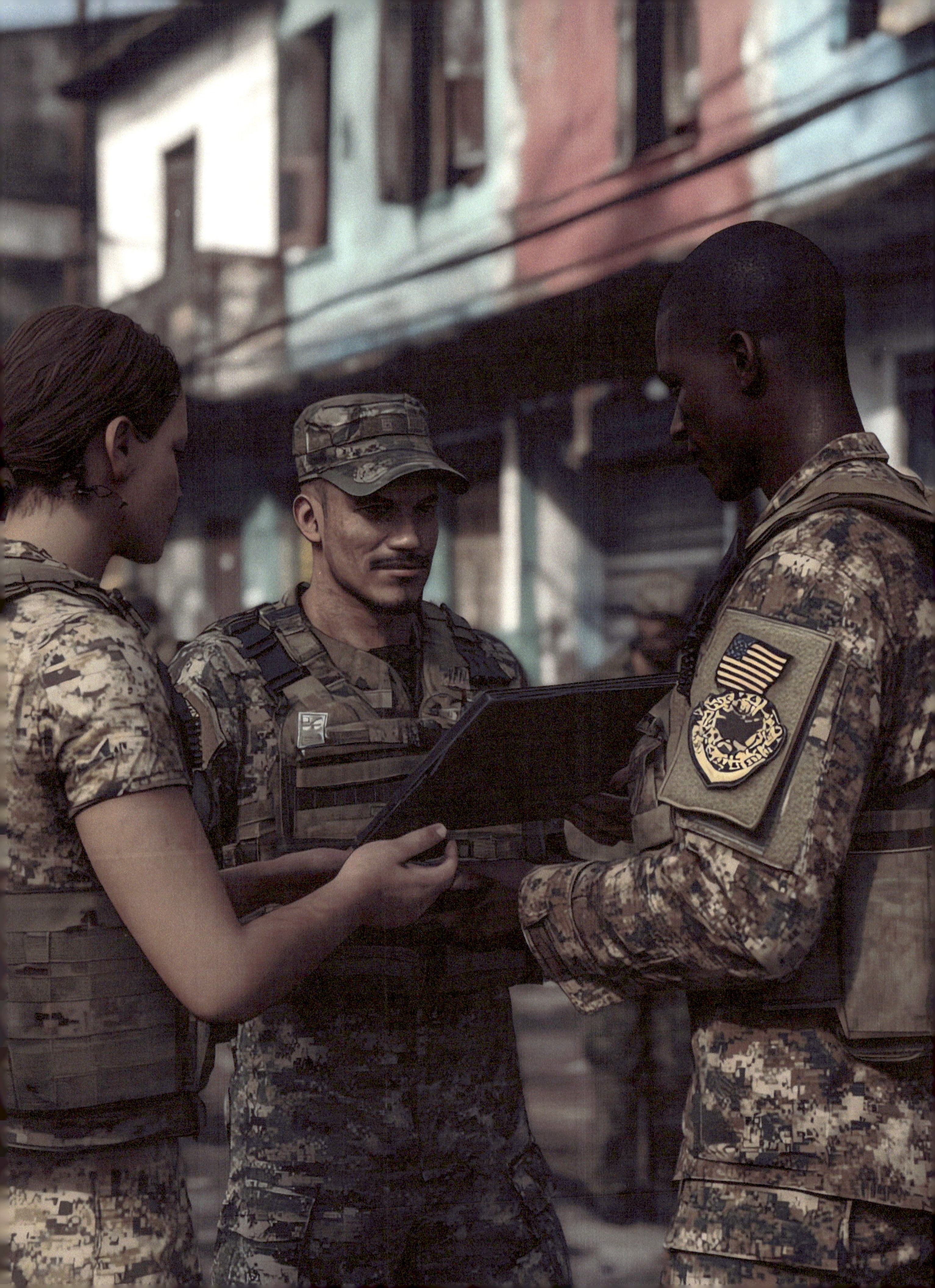

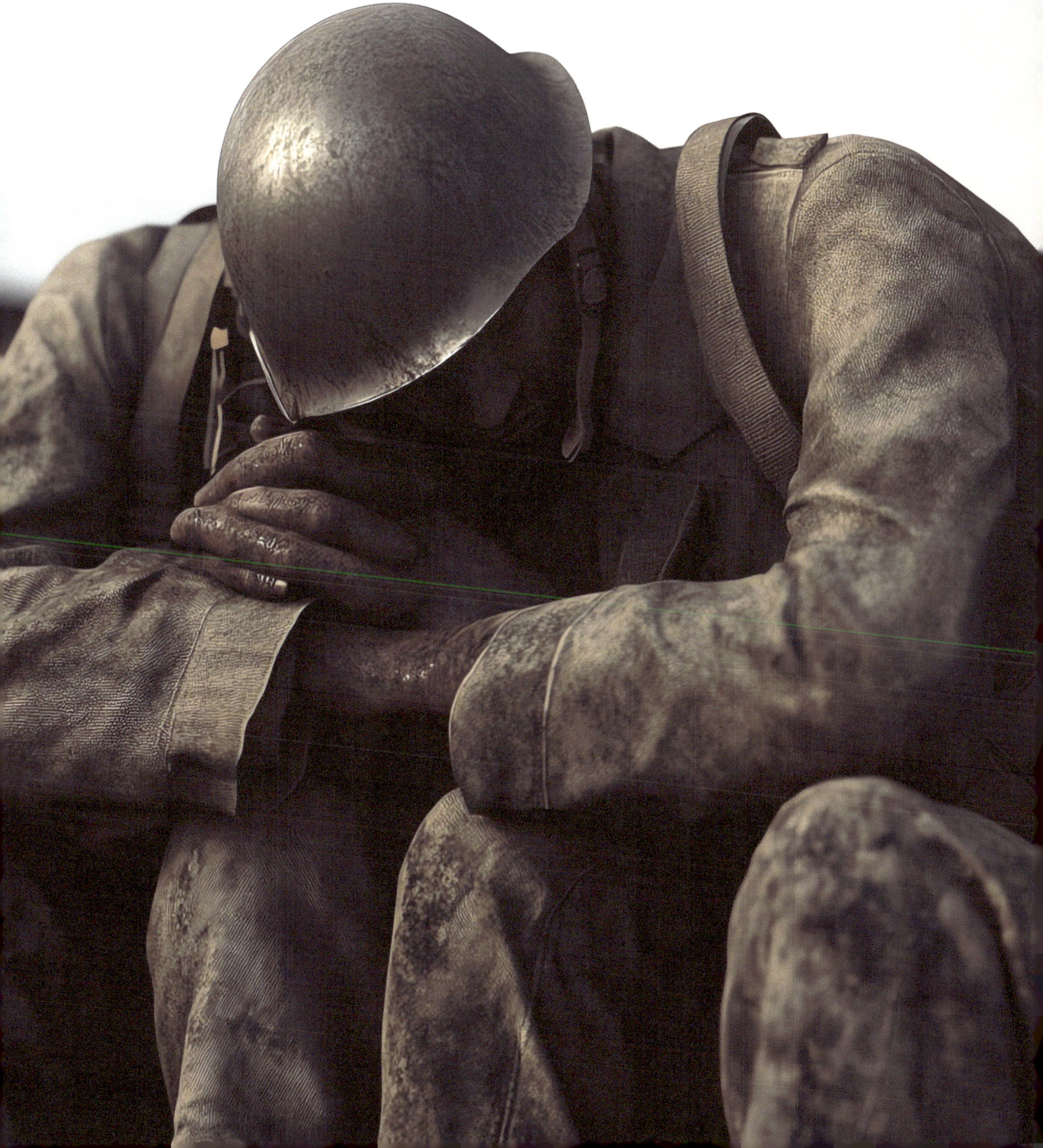

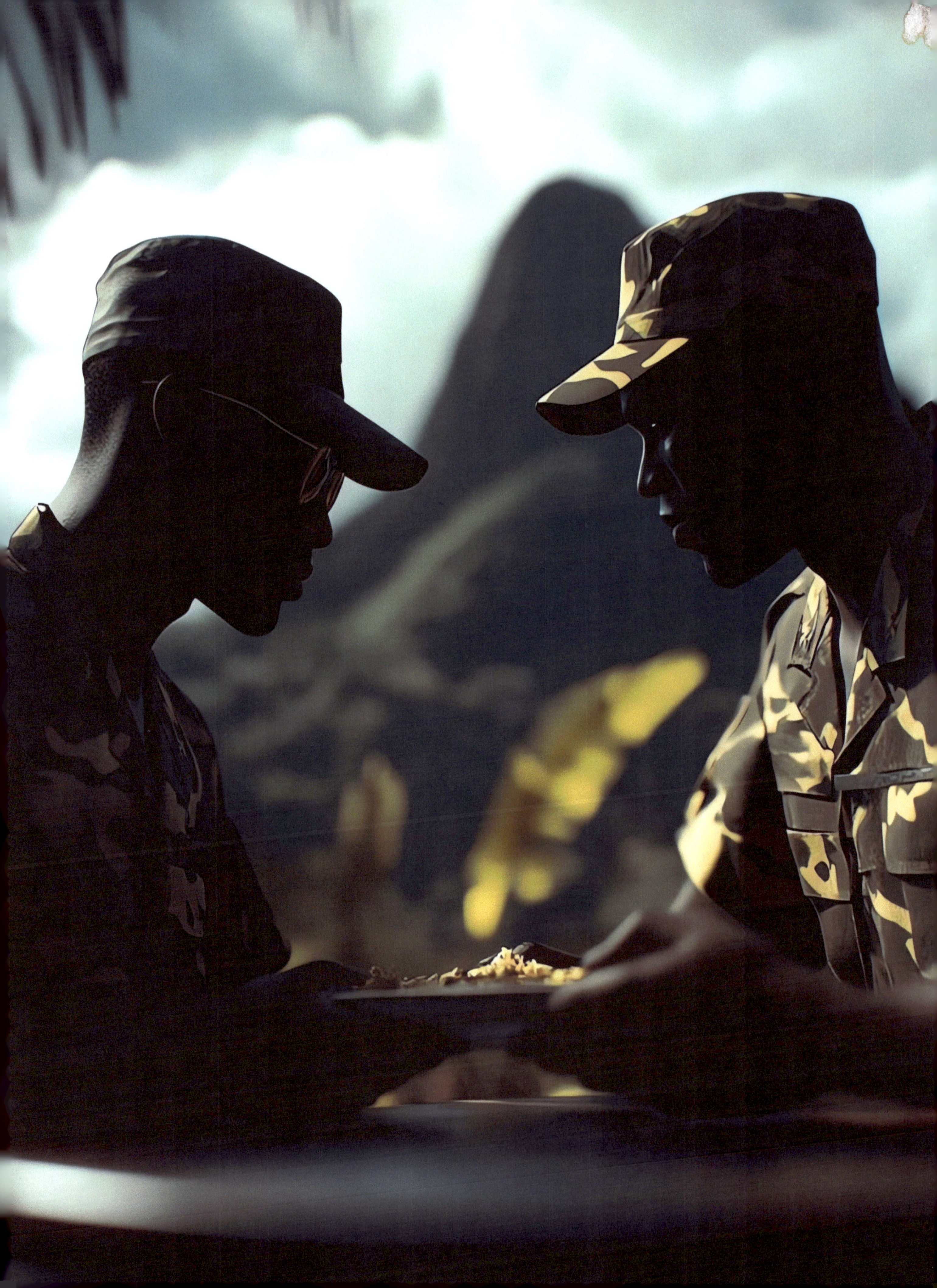

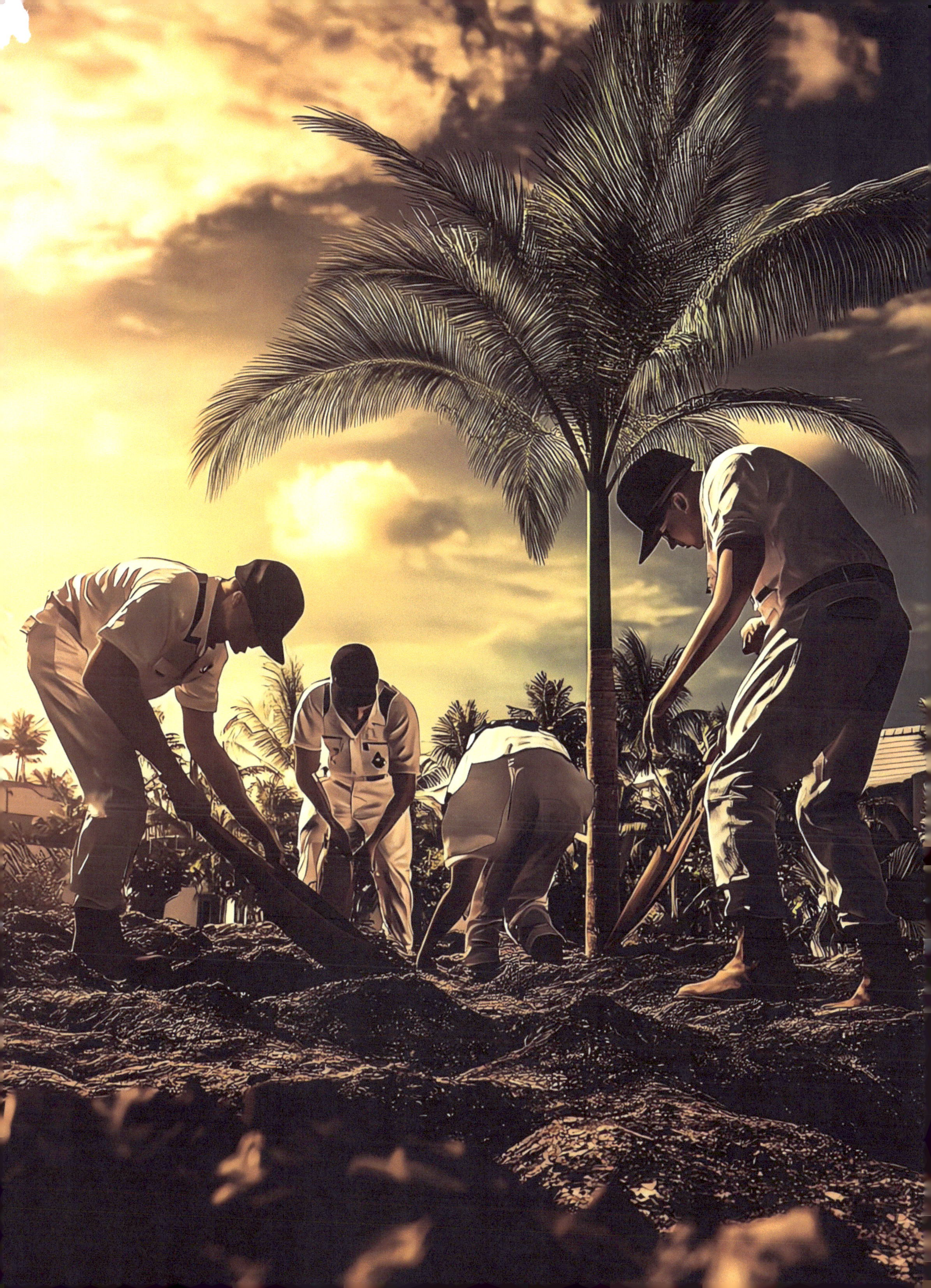

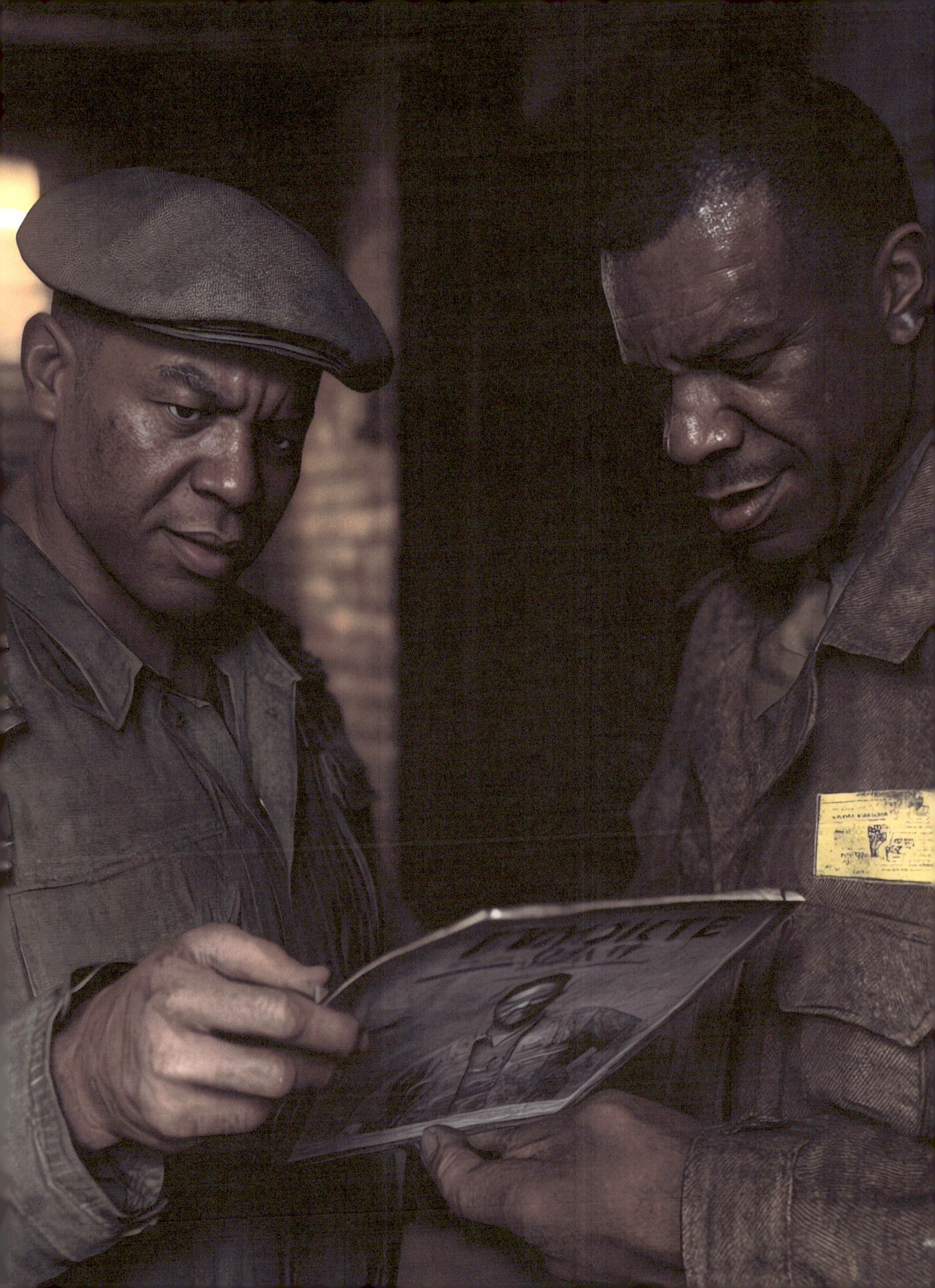

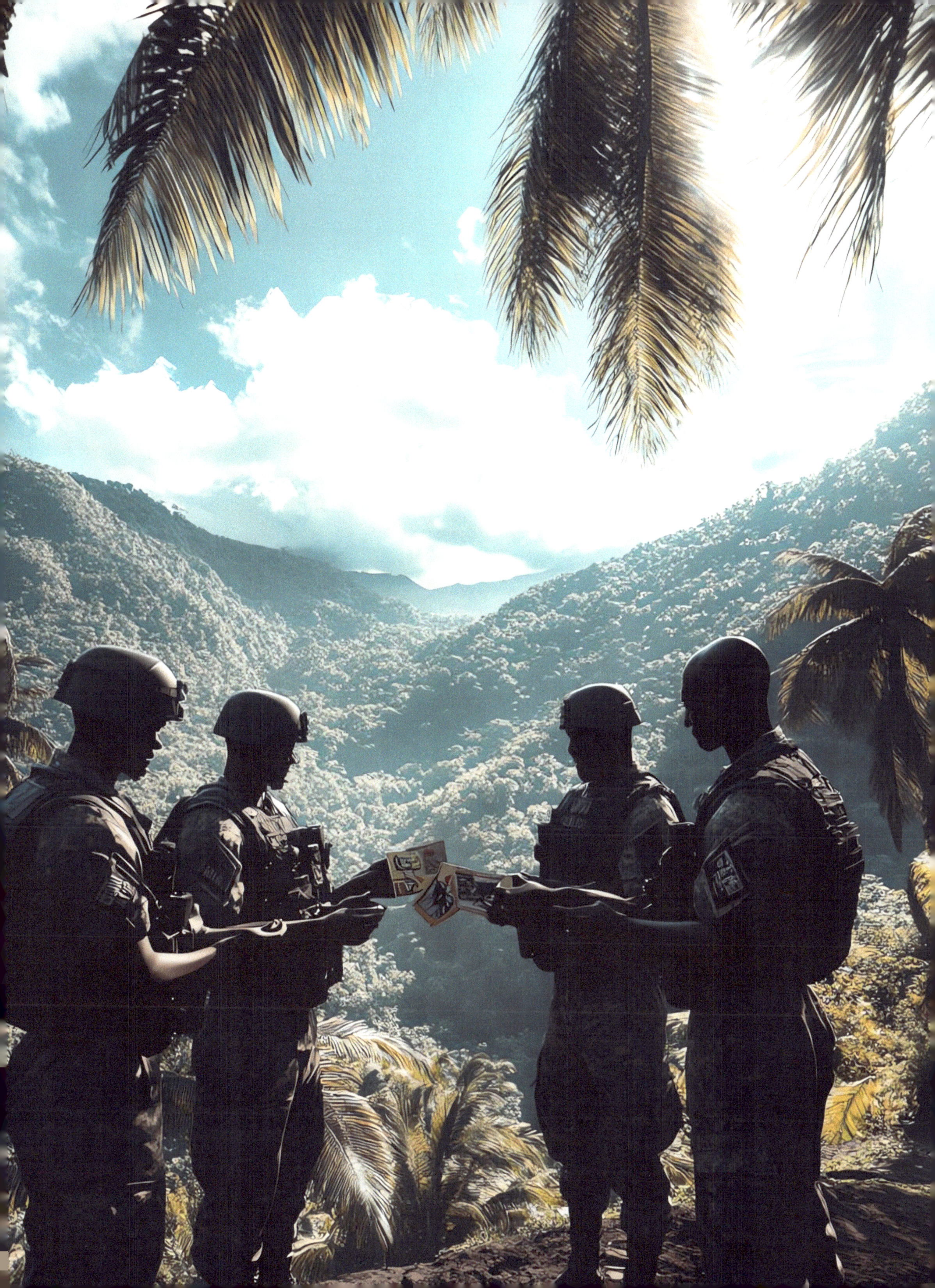

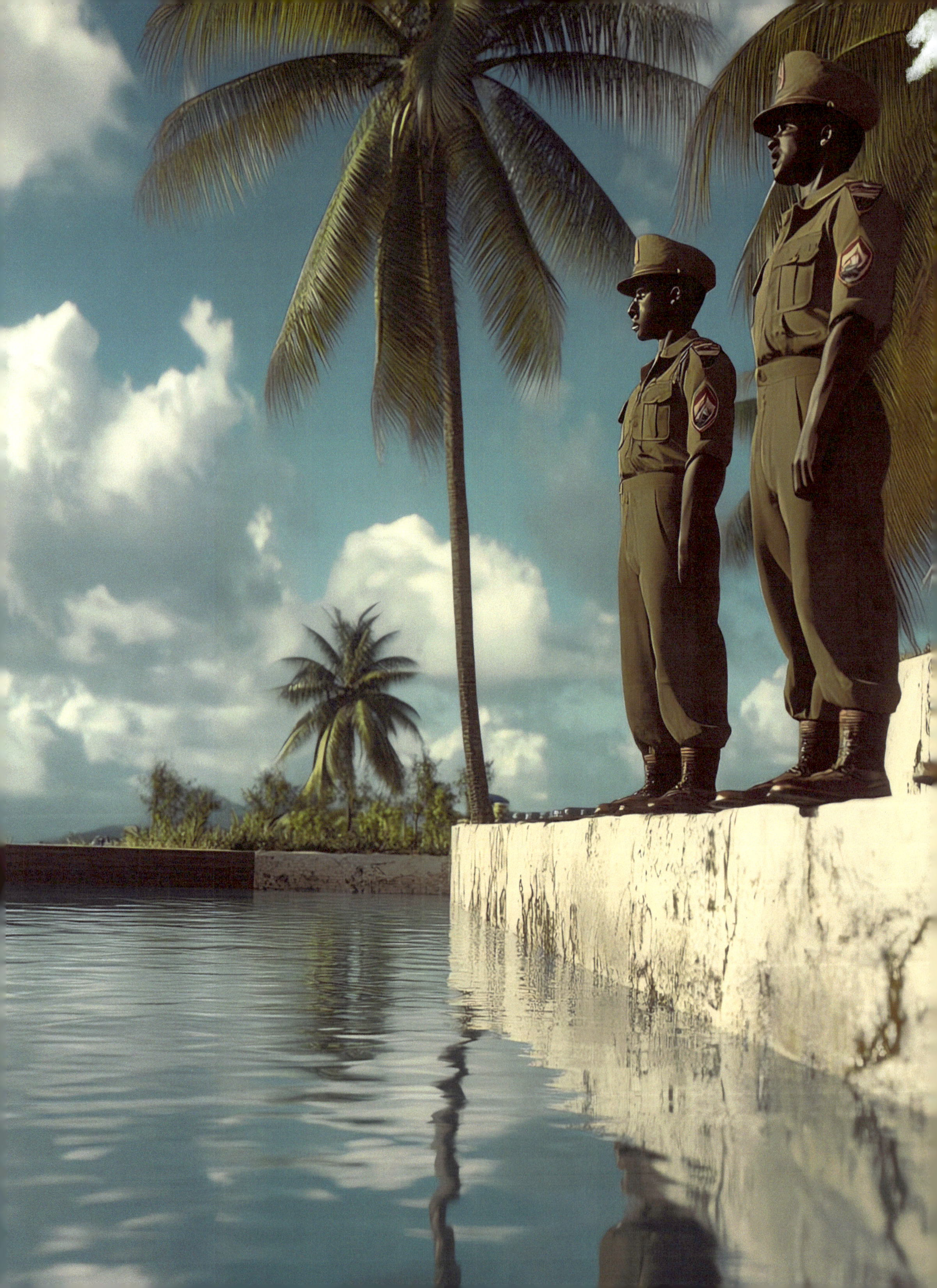

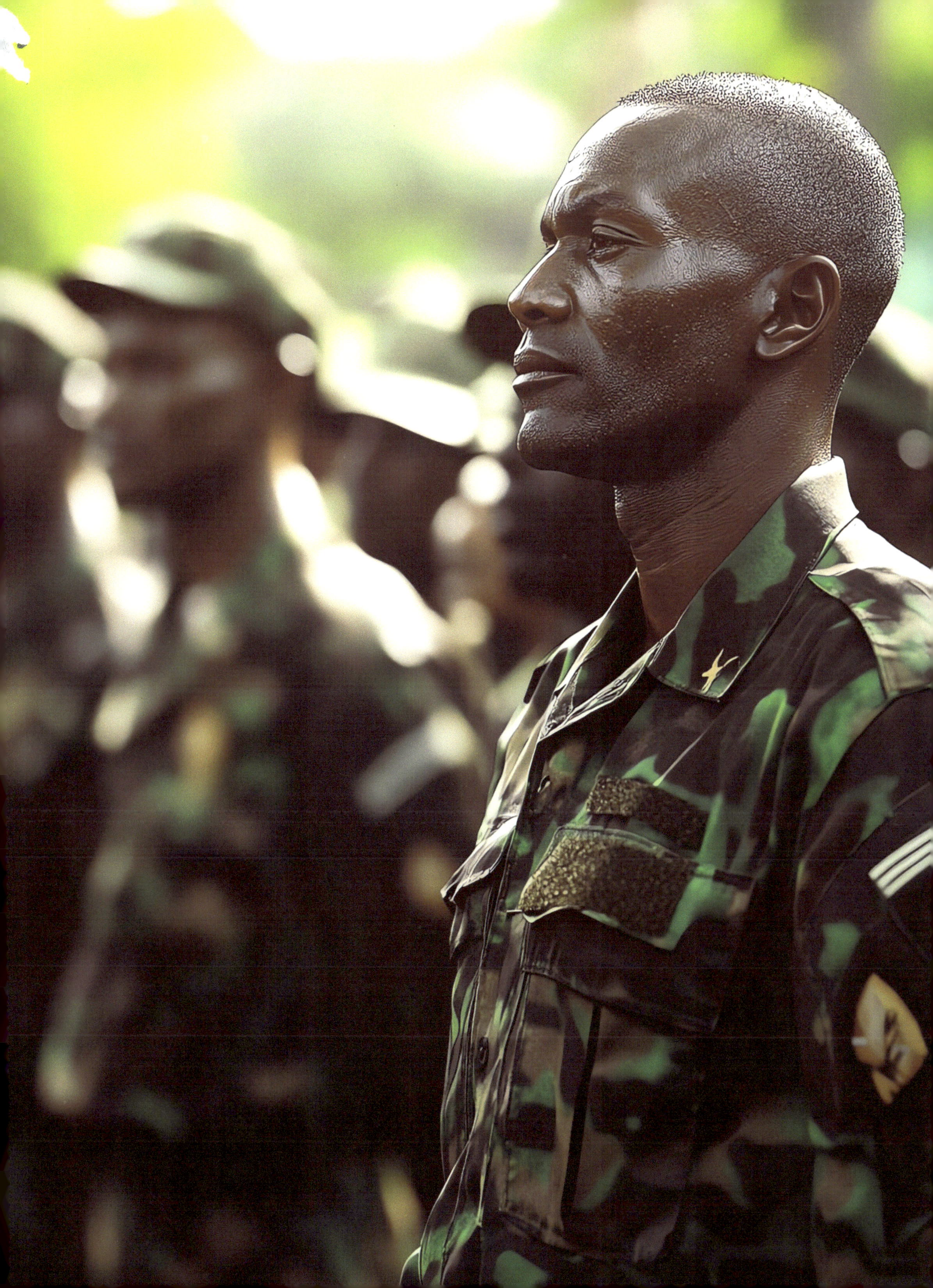

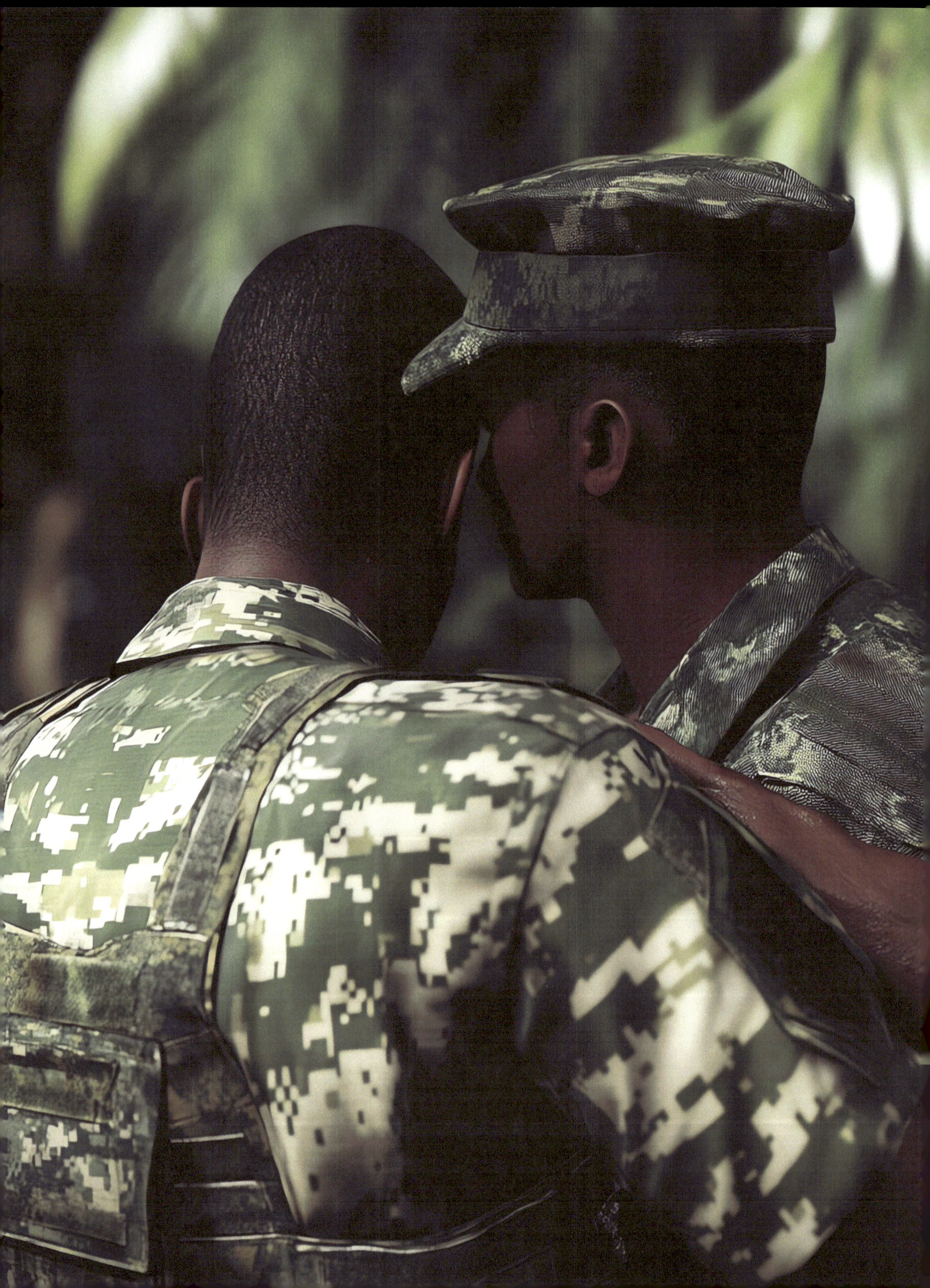

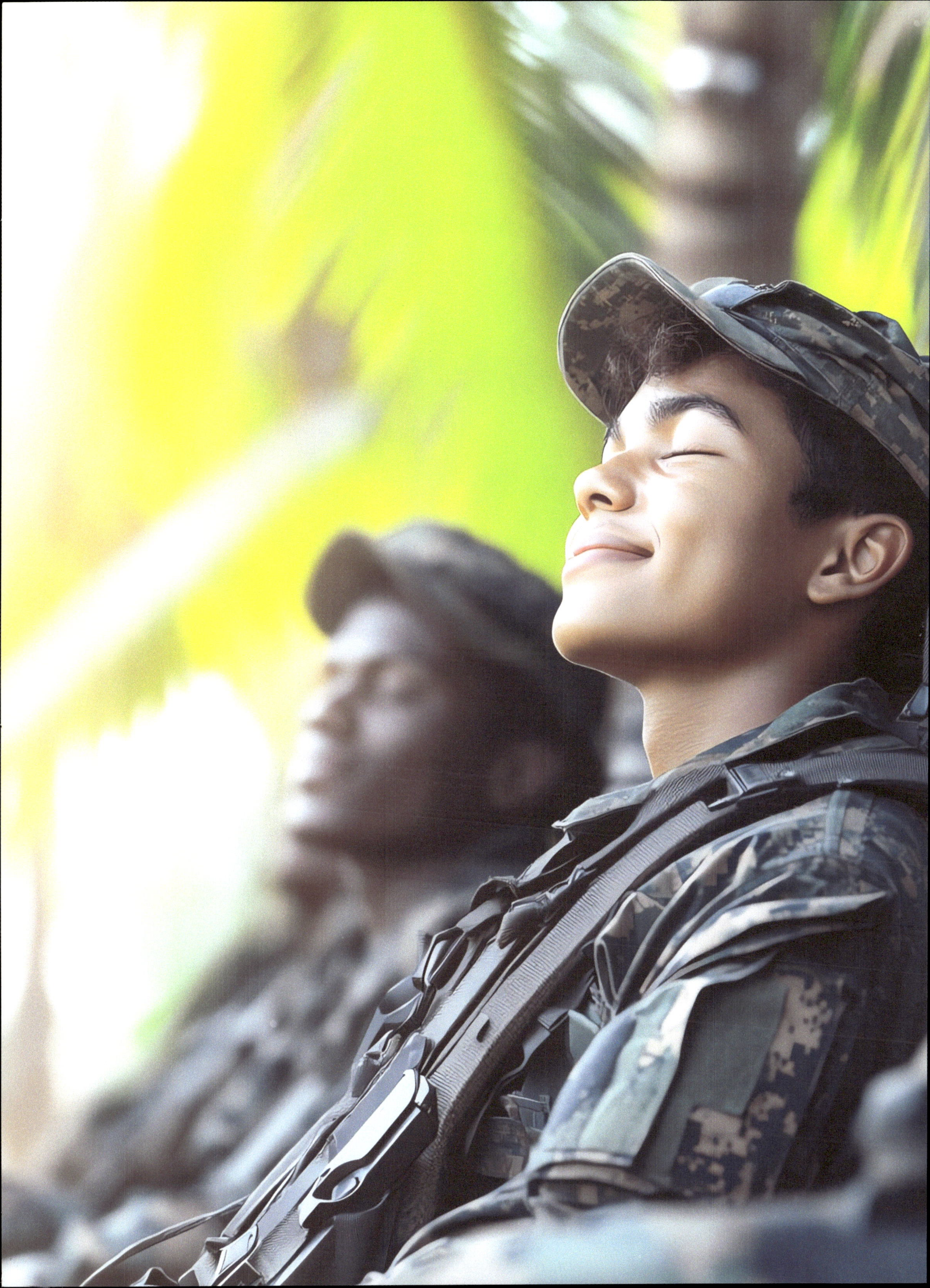

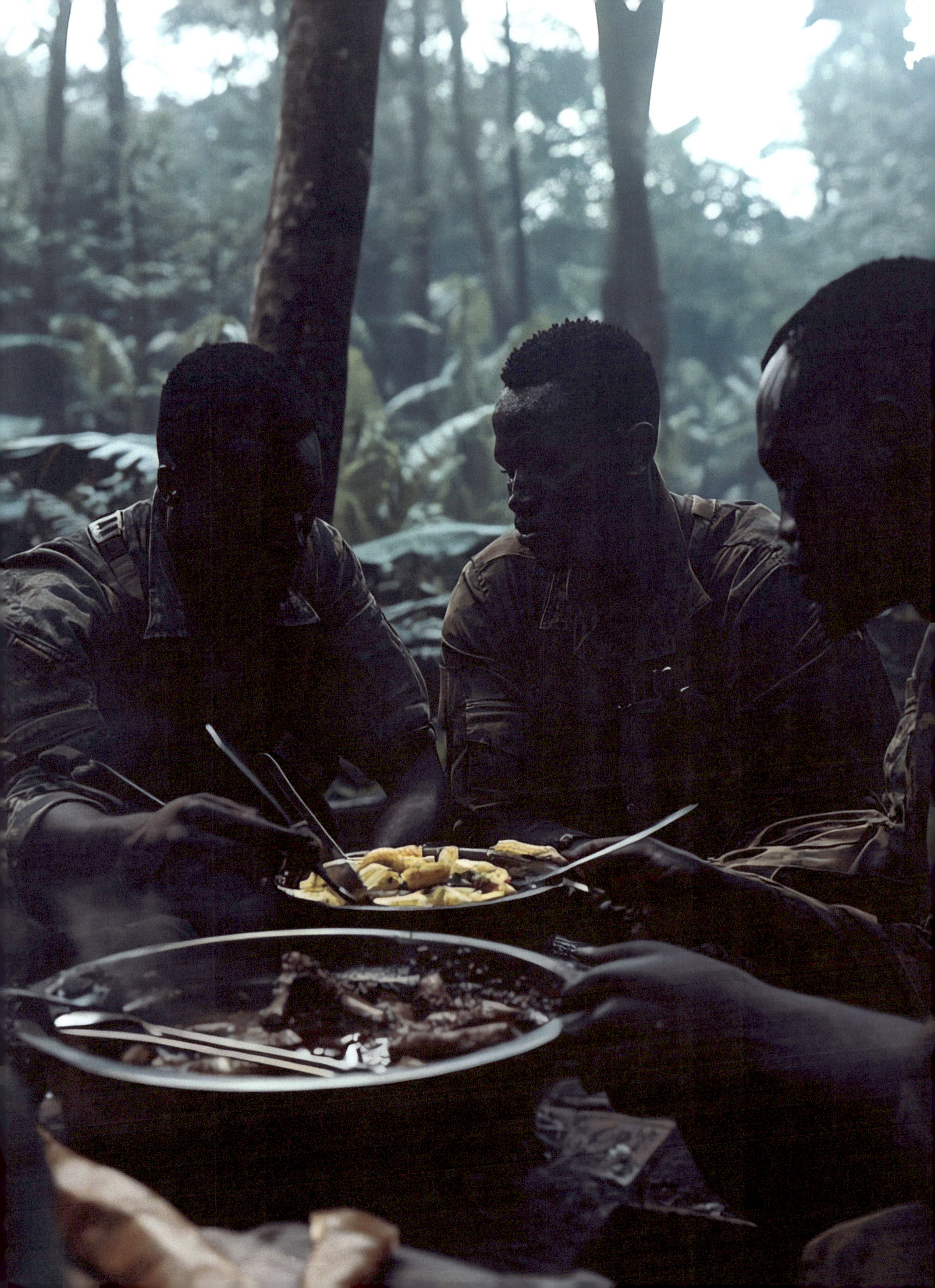

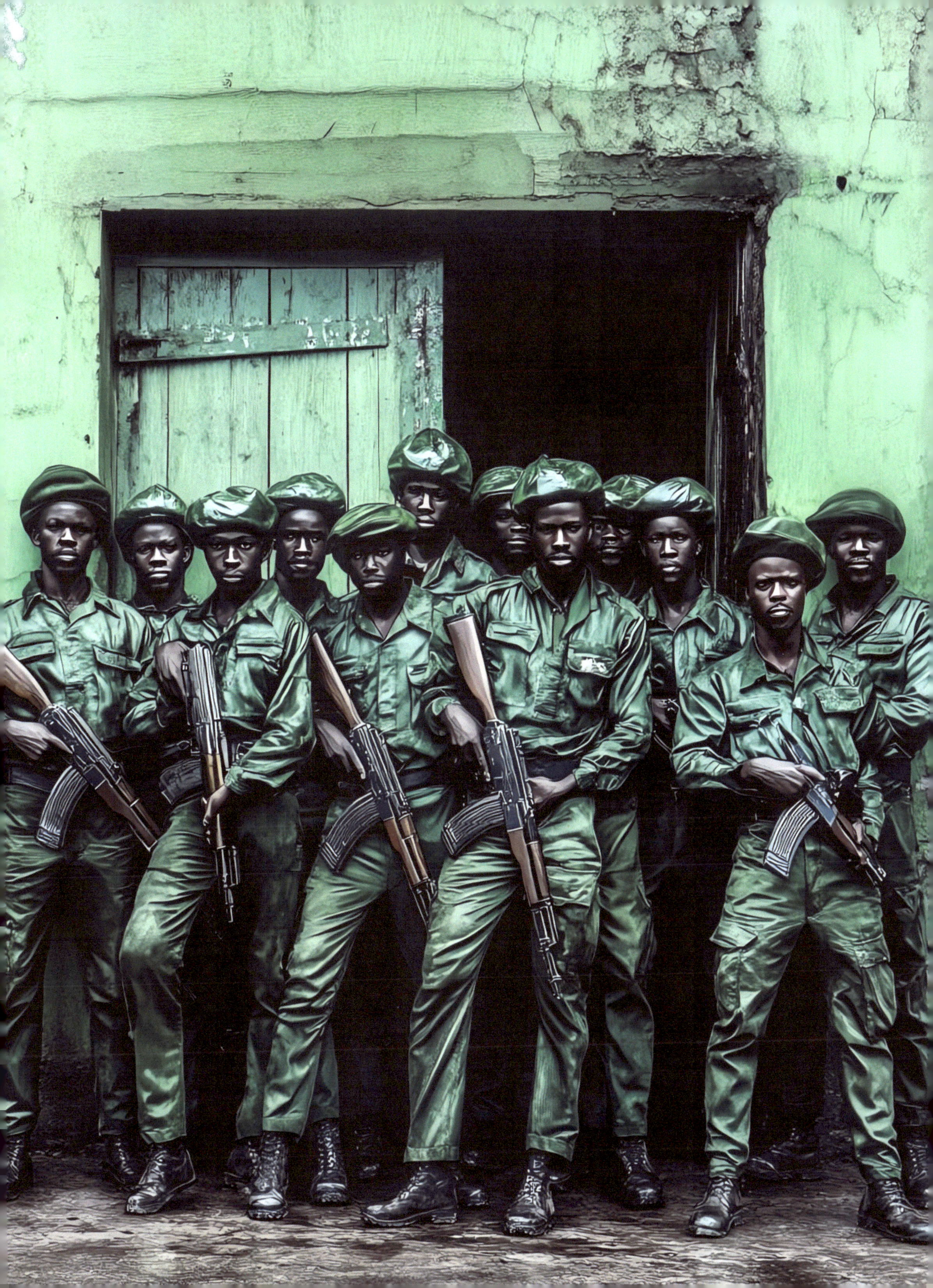

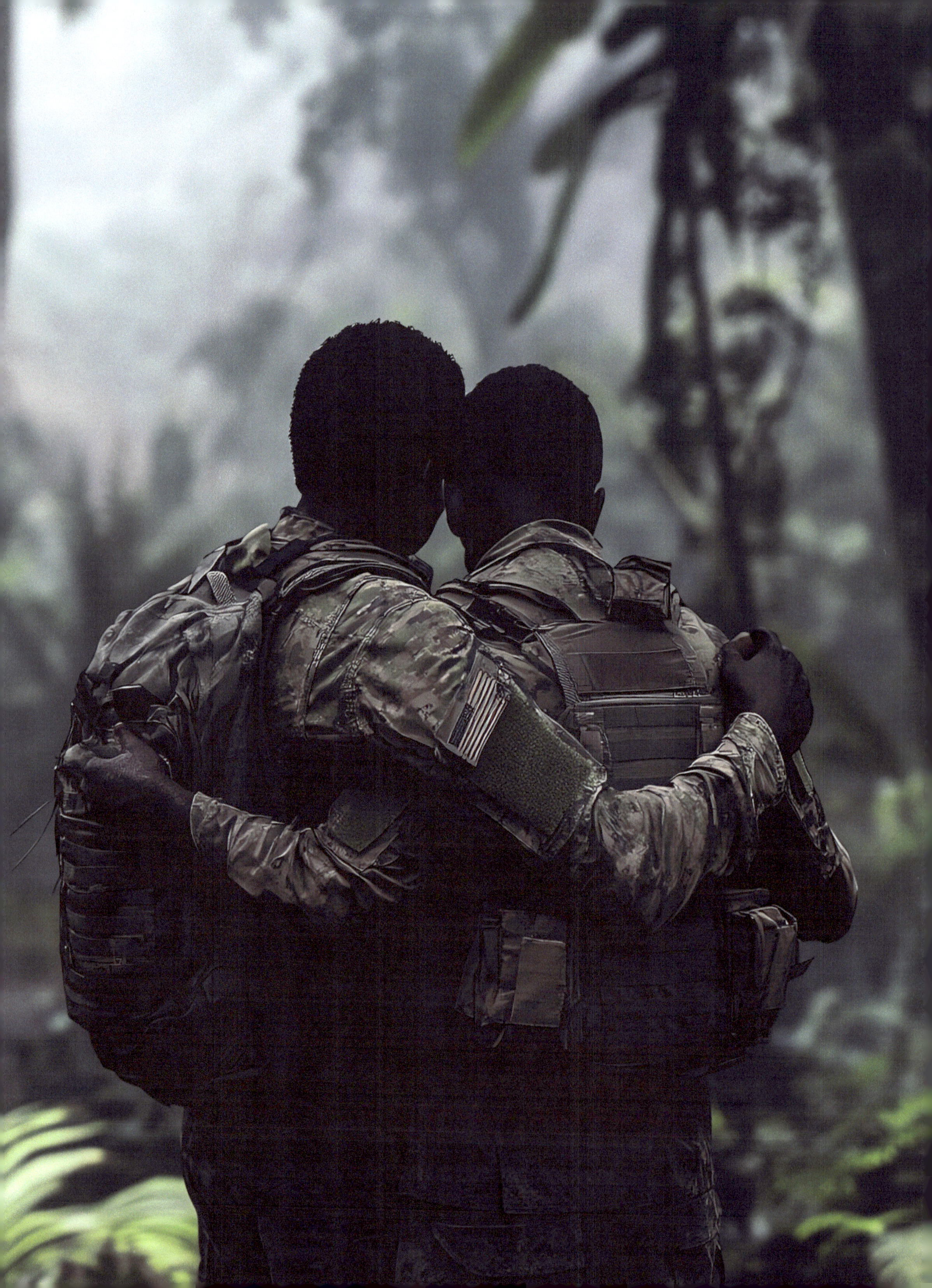

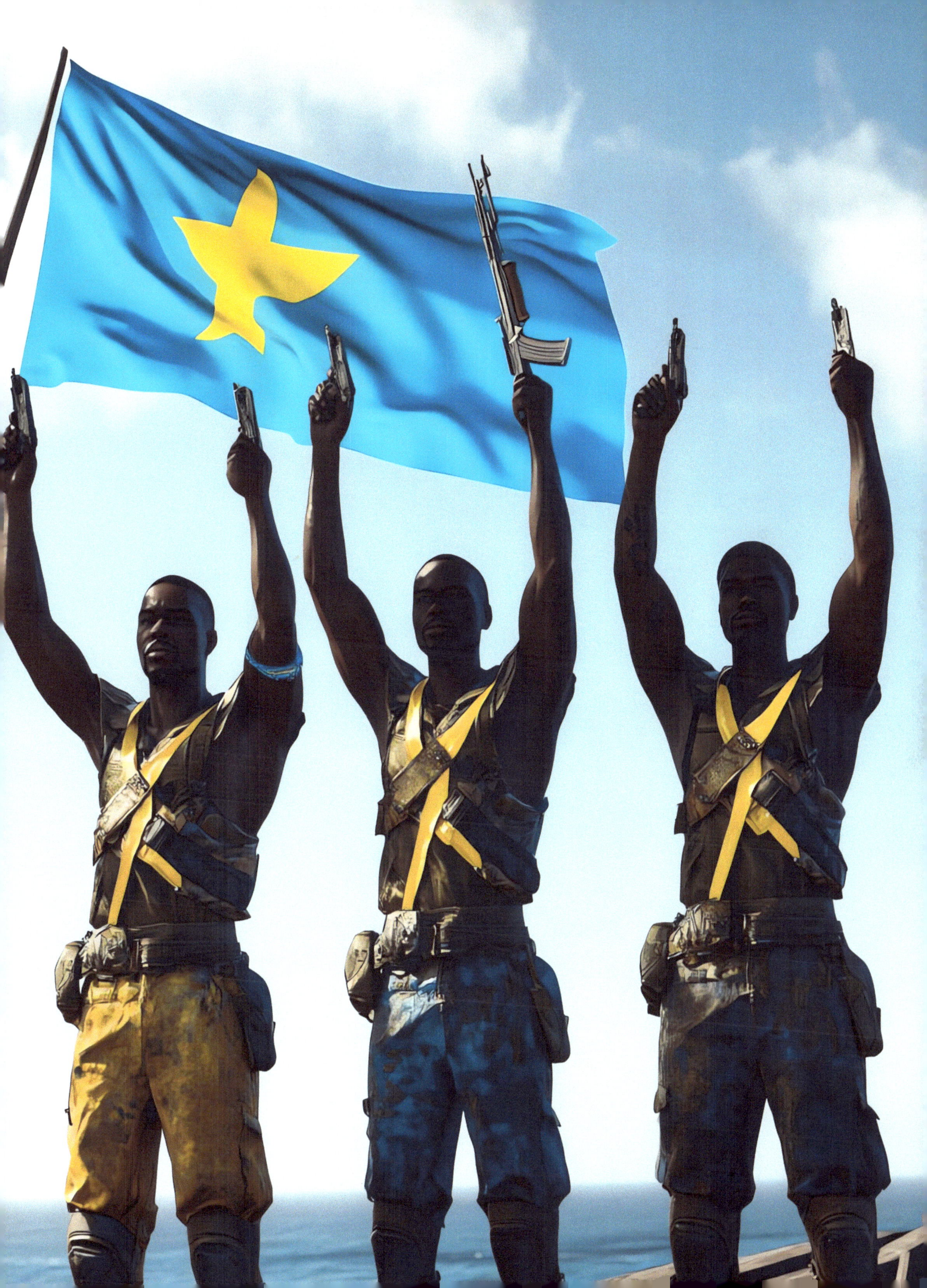

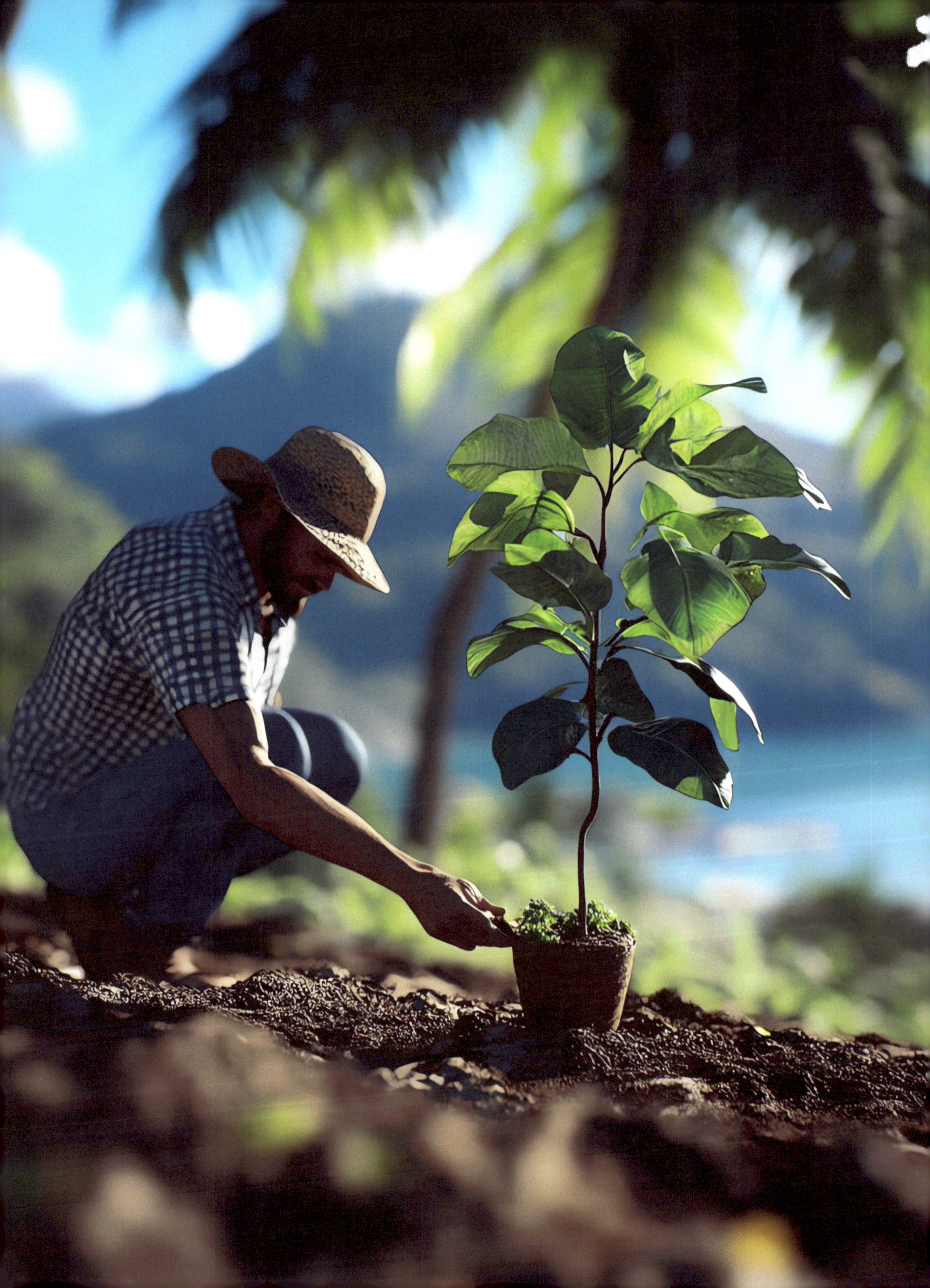

www.ingramcontent.com/pod-product-compliance
Lightning Source LLC
Chambersburg PA
CBHW040443220526
45473CB00004B/1515
* 9 7 9 8 3 0 0 9 7 7 3 7 5 *